BAKING PASSION

1 MEHL – 1.000 MÖGLICHKEITEN

SVEN TEICHMANN
VON „TEICHNERS PIZZA PALACE“

BAKING PASSION

1 MEHL – 1.000 MÖGLICHKEITEN

FOOD-FOTOGRAFIE Hubertus Schüler
PORTRÄTS Justyna Schwertner

Indisches Naan

Brioche-Burger-Buns

Fluffige Subs

Einfache Brötchen ohne kneten

Zupfbrot

Partykranz

Flabatta

Zimtschnecken

Toastbrot

GANZ EINFACH BROT BACKEN WIE EIN PROFI!

Die 8 wichtigsten Tipps **8**

REZEPTE

Brote und Baguettes **11**

Fladenbrote und internationale Spezialitäten **47**

Brötchen und Kleingebäck **85**

BACK-GUIDE

Back-Basics **128**

Mehl **135**

Hefe **141**

Sauerteig **144**

Teig-Know-how **150**

Knet-Techniken **154**

Glossar **162**

Rezeptindex **164**

DIE WUNDERVOLLE WELT DES BACKENS

Halloohooo! Ich bin Sven und habe letztes Jahr ein Buch über Pizza geschrieben, das es sogar auf die SPIEGEL-Bestsellerliste geschafft hat. Darüber bin ich unendlich dankbar und jetzt freue ich mich, euch mein zweites Buch vorstellen zu können: „Baking Passion: 1 Mehl – 1.000 Möglichkeiten". In diesem Buch widme ich mich meinen Lieblingsbackwaren, die alle mit dem vielseitigen Weizenmehl Type 00 zubereitet werden.

Dieses Mehl ist ein wahrer Alleskönner, und ich möchte euch zeigen, wie man damit eine breite Palette an köstlichen Backwaren zaubern kann. Von knusprigem Ciabatta über fluffiges Fladenbrot bis hin zu Weizensauerteigbrot – die Möglichkeiten sind nahezu unbegrenzt.

Das Backen liegt mir ebenso am Herzen wie die Pizza. Es ist eine Kunst, die Menschen zusammenbringt und für unvergessliche Momente sorgt. Backen braucht keinen feierlichen Rahmen; es passt einfach immer und überall. Und es gibt doch nichts Schöneres, als Menschen mit guten Backwaren zu beeindrucken, oder?

Ich danke all meinen Followerinnen und Followern, Zuschauerinnen und Zuschauern, die mich auf diesem Weg begleitet und mich dazu inspiriert haben, dieses Buch zu schreiben. Euer Interesse und eure Begeisterung für das Backen mit Weizenmehl Type 00 haben mich dazu motiviert, meine Rezepte und mein Wissen mit euch zu teilen.

„Baking Passion: 1 Mehl – 1.000 Möglichkeiten" ist mehr als nur ein Rezeptbuch. Es ist eine Einladung, Teil meiner Community zu werden, in der es nicht nur um Geschmack, sondern auch um viel Herzblut geht. Ich hoffe, dieses Buch inspiriert und erfüllt euren Gaumen mit Freude.

Lasst uns gemeinsam die vielfältigen Möglichkeiten des Weizenmehls Type 00 entdecken und in die wunderbare Welt des Backens eintauchen.

Mit leidenschaftlichen Grüßen
Sven

DIE 8 WICHTIGSTEN Tipps

1 **Mehlqualität wählen** Verwende hochwertige Mehle mit einem angemessenen Proteingehalt für die gewünschte Textur.

2 **Wassermenge genau dosieren** Die richtige Menge Wasser ist wichtig für eine optimale Teigkonsistenz. Halte dich an die Angaben in den Rezepten.

3 **Teigruhe beachten** Lass dem Teig genug Zeit zum Ruhen, damit er Geschmack und Struktur entwickeln kann.

4 **Backtemperatur im Blick behalten** Halte dich an die empfohlenen Backtemperaturen, damit Kruste und Krume wie gewünscht gelingen.

5 **Schnitttechniken anwenden** Schneide deine Brote und Brötchen ein, um die Teigexpansion während des Backens zu steuern und ihnen eine gleichmäßige Form zu geben.

6 **Dampf erzeugen** Nutze Methoden wie das Bedampfen des Backofens, um eine knusprige Kruste zu erhalten und um ein Austrocknen des Teigs zu verhindern.

7 **Nachruhezeit einhalten** Lass das Gebackene nach dem Backen ausruhen, bevor du es anschneidest oder servierst. So wird ein Verkleben der Krume vermieden und die Aromen können sich voll entfalten.

8 **Liebe und Leidenschaft** Nichts ist ansteckender als Leidenschaft. Bringst du zusätzlich noch Liebe ins Gebäck, so werden alle glücklich sein.

Ausführliche Infos zu den wichtigsten Themen rund ums Backen findest du ab Seite 126.

Brote
UND BAGUETTES

CIABATTA

Ciabatta eignet sich ideal als Beilage oder Sandwich und die große, offenporige Krume macht das Brot zu etwas ganz Besonderem.

ZUBEREITEN ca. 25 Minuten
RUHEN 11–21 Stunden
BACKEN 18–21 Minuten

ERGIBT 2 CIABATTAS

FÜR DEN POOLISH

230 g kaltes Wasser (idealerweise 5–6 °C)
0,5 g frische Hefe (oder 0,2 g bzw. 1 Prise Trockenhefe)
230 g Weizenmehl Type 00 (11–15 % Eiweiß)

FÜR DEN HAUPTTEIG

180 g kaltes Wasser (idealerweise 5–6 °C)
8 g frische Hefe (oder 2,5 g Trockenhefe)
275 g Weizenmehl Type 00 (11–15 % Eiweiß)
15 g natives Olivenöl extra plus etwas mehr zu Einfetten
12 g Salz
Semola rimacinata (Hartweizenmehl, alternativ Weizenmehl Type 00)

AUSSERDEM

Brot- oder Pizzaschieber (alternativ großes Küchenschneidebrett)
Backstahl oder -stein (alternativ umgedrehtes Backblech)

TAG 1

1 Am Vortag für den Poolish Wasser in einen Behälter bzw. eine Schüssel geben und die Hefe darin auflösen. Das Mehl hinzufügen und mit einem Kochlöffel vermengen, bis eine Paste entsteht. Luftdicht verschließen und bei **Raumtemperatur 8–18 Stunden** reifen lassen.

TAG 2

2 Am nächsten Tag für den Hauptteig den Poolish in die Rührschüssel der Küchenmaschine geben, Wasser und Hefe dazugeben, alles kurz vermengen, dann das Mehl hinzufügen und auf kleinster Stufe mit dem Knethaken **2–3 Minuten** kneten, bis das Mehl das Wasser gebunden hat. Dann auf mittlere Geschwindigkeit stellen, Olivenöl und Salz hinzugeben und **6–8 Minuten** kneten. Zum Schluss auf die höchste Stufe schalten und weitere **3–5 Minuten** kneten, bis der Teig geschmeidig ist. (Alternativ 15–20 Minuten von Hand kneten.) 3 Eine Schüssel leicht einölen, den Teig hineingeben, mit der Coil-fold-Methode dehnen und falten, mit einem feuchten Küchentuch abdecken und bei **Raumtemperatur 30 Minuten** ruhen lassen. Den Vorgang wiederholen, die Schüssel wieder mit einem feuchten Küchentuch abdecken und den Teig bei **Raumtemperatur** noch **2 Stunden** ruhen lassen. 4 Den Teig auf die mit Semola bemehlte Arbeitsfläche stürzen und mit einer Teigkarte oder einem Spachtel halbieren. Dann die Teiglinge auf den mit Backpapier belegten Brotschieber geben, nach Bedarf etwas rechteckig zurechtschieben und abgedeckt bei **Raumtemperatur** noch einmal **30 Minuten** ruhen lassen. 5 Den Backofen mit dem Backstahl oder -stein (mittlere Schiene) auf **250 °C** Ober-/Unterhitze vorheizen. 6 Die Teiglinge mit dem Backpapier auf den heißen Backstahl oder -stein im vorgeheizten Ofen gleiten lassen, beschwaden und **18–21 Minuten** backen. 7 Aus dem Ofen nehmen und die Ciabattas auf einem Küchengitter auskühlen lassen.

TIPP Das Beschwaden erzeugt Dampf im Backofen, der dazu beiträgt, dass die Oberfläche der Ciabattas lange elastisch bleibt. So können sie stark aufgehen, bevor sich eine starke Kruste bildet. Beim Dehnen und Falten mit der Coil-fold-Methode (siehe S. 161) wird Luft in den Teig eingearbeitet und das Glutengerüst gestärkt, außerdem quillt während der Ruhezeit das Mehl auf, indem es das Wasser absorbiert.

SESAMBROTE

Sesam macht alles noch leckerer, daher bekommt er hier ein eigenes Rezept. Die Sesambrote eignen sich ideal als Beilage oder als Sandwich zum Belegen.

ZUBEREITEN ca. 20 Minuten
RUHEN 9,5–17,5 Stunden
BACKEN 16–21 Minuten

ERGIBT 4 SESAMBROTE

FÜR DEN POOLISH
340 g kaltes Wasser (idealerweise 5–6 °C)
0,5 g frische Hefe (oder 0,2 g bzw. 1 Prise Trockenhefe)
340 g Weizenmehl Type 00 (mind. 12 % Eiweiß)

FÜR DEN HAUPTTEIG
135 g kaltes Wasser (idealerweise 5–6 °C)
8 g frische Hefe (oder 2,5 g Trockenhefe)
340 g Weizenmehl Type 00 (mind. 12 % Eiweiß) plus etwas mehr zum Bemehlen
20 g Salz
20 g natives Olivenöl extra plus etwas mehr zum Einfetten

FÜR DAS TOPPING
2 EL Sesamsaat

TAG 1

1 Am Vortag für den Poolish Wasser, Hefe und Mehl in einen Behälter bzw. eine Schüssel geben und mit einem Kochlöffel vermengen, bis eine Paste entsteht. Luftdicht verschließen und den Poolish bei **Raumtemperatur 8–16 Stunden** reifen lassen.

TAG 2

2 Am nächsten Tag für den Hauptteig den Poolish mit 70 g Wasser, Hefe und Mehl in die Rührschüssel der Küchenmaschine geben und mit dem Knethaken auf langsamer Stufe **2–3 Minuten** kneten, bis das Mehl das Wasser gebunden hat. Dann auf mittlere Geschwindigkeit stellen und **7–10 Minuten** kneten, dabei das übrige Wasser einarbeiten, dann Salz und Olivenöl hinzufügen. Auf schnelle Stufe stellen und weitere **1–2 Minuten** kneten, bis der Teig geschmeidig ist. (Alternativ 15–20 Minuten von Hand kneten.) **3** Den Teig auf die Arbeitsfläche stürzen, 4–5-mal dehnen und falten, dann zu einer Kugel auf Spannung schleifen. Einen Behälter (oder eine Schüssel) einölen, den Teig hineingeben, mit der Coil-fold-Methode falten, wieder abdecken und den Vorgang nach **30 Minuten** wiederholen. Dadurch wird der Teig stabilisiert und Luft eingearbeitet. Luftdicht verschließen und **1 Stunde** bei **Raumtemperatur** ruhen lassen. **4** Den Backofen auf **250 °C** Ober-/Unterhitze vorheizen. **5** Den Teig auf die bemehlte Arbeitsfläche stürzen, leicht mit Mehl bestäuben, mit einer Teigkarte, falls nötig, zu einem ca. 25 × 35 cm großen Rechteck zurechtschieben und parallel zur kurzen Seite 4 gleich große Stücke (à ca. 300 g) abstechen. Die ungeformten Teiglinge vorsichtig auf ein mit Backpapier ausgelegtes Backblech legen, eventuell mit der Teigkarte noch ein wenig zurechtschieben, mit Wasser bepinseln und mit dem Sesam bestreuen. In den heißen Ofen (mittlere Schiene) geben und mit viel Dampf **16–21 Minuten** backen. **6** Herausnehmen und auf einem Küchengitter auskühlen lassen.

TIPP Noch besser werden die Sesambrote, wenn man sie auf einem Backstahl oder -stein backt, weil der Ofentrieb dann stärker ist und der Boden eine noch schönere Kruste bekommt.

FOCACCIA MIT KIRSCHTOMATEN

Der Renner auf jeder Party– luftig, aromatisch, ölig und bekömmlich. Focaccia eignet sich super als Beilage oder einfach pur. Du darfst beim Belegen des Teigfladens kreativ sein.

ZUBEREITEN ca. 25 Minuten
RUHEN 23–25 Stunden
BACKEN 25–30 Minuten

ERGIBT 1 GROSSE FOCACCIA (8 STÜCKE)

FÜR DEN AUTOLYSETEIG
600 g Weizenmehl Type 00 (11–15 % Eiweiß)
405 g kaltes Wasser (idealerweise 5–6 °C)

FÜR DEN HAUPTTEIG
2 g frische Hefe (oder 0,7 g Trockenhefe)
45 g kaltes Wasser (idealerweise 5–6 °C)
15 g feines Meersalz
25 g natives Olivenöl extra plus etwas mehr zum Einfetten

FÜR DEN BELAG (NACH BELIEBEN)
reichlich natives Olivenöl extra zum Bestreichen
100–150 g Kirschtomaten (nach Belieben)
1–2 Zweige Rosmarin (nach Belieben)
Meersalzflocken

AUSSERDEM
rechteckige Backform (ca. 40 × 32 cm)

TAG 1

1 Am Vortag für den Autolyseteig Wasser und Mehl in die Rührschüssel der Küchenmaschine geben und mit einem Kochlöffel grob vermengen, bis das Wasser absorbiert ist. Mit einem Küchentuch abdecken und bei **Raumtemperatur 30 Minuten** ruhen lassen. 2 Für den Hauptteig die Hefe im Wasser auflösen, zum Autolyseteig geben und mit dem Knethaken auf langsamer Stufe **2–3 Minuten** kneten. Auf mittlere bis hohe Geschwindigkeit stellen und erst das Salz, dann das Olivenöl hinzugeben und **5–7 Minuten** intensiv kneten. Zum Schluss auf höchste Stufe schalten und **1–2 Minuten** kneten, bis der Teig richtig schön geschmeidig ist. (Alternativ 15–20 Minuten von Hand kneten.) 3 Den Teig in einen mit Olivenöl ausgestrichenen Behälter (oder in eine Schüssel) geben, mit der Coil-fold-Methode dehnen und falten, luftdicht verschließen und bei **Raumtemperatur 30 Minuten** gehen lassen. Den Vorgang wiederholen, den Behälter erneut luftdicht verschließen und den Teig bei **Raumtemperatur 18–20 Stunden** reifen lassen.

TAG 2

4 Am nächsten Tag die Backform gut mit Olivenöl einfetten. Den Teig ganz einfach hineingleiten lassen und mit den Fingerkuppen leicht bis in die Ecken drücken. Abdecken und **4 Stunden** bei **Raumtemperatur** ruhen lassen. 5 Den Backofen auf **230 °C** Ober-/Unterhitze vorheizen. 6 Für den Belag den Teig ordentlich mit Olivenöl bestreichen und mit den Fingerkuppen viele kleine Mulden hineindrücken, sodass die typische Form und Optik einer Focaccia entsteht. Kirschtomaten waschen, trocken tupfen und leicht in den Teig drücken. Den Rosmarin abspülen, trocken schütteln, in kleinere Stücke schneiden und auf dem Teig verteilen. Zum Schluss mit Salzflocken bestreuen. 7 In den vorgeheizten Ofen (mittlere Schiene) geben und **25–30 Minuten** backen. 8 Die Focaccia herausnehmen, etwas abkühlen lassen und noch warm oder auch kalt in Stücke geschnitten genießen.

TIPP Beim Belegen der Focaccia kann man seiner Kreativität freien Lauf lassen. Oder auch eine Focaccia im Pizzastyle backen: Dazu den Teig statt mit Olivenöl mit Tomatensauce bestreichen und ca. 18 Minuten bei 230 °C Ober-/Unterhitze vorbacken, dann wie eine Pizza belegen und 10–12 Minuten fertig backen.

ZUPFBROT

Dieses gefüllte Brot bereitet pure Freude beim Abzupfen und Essen. Zupfbrot eignet sich perfekt als Beilage bei einem Grillabend und macht sich auch sehr gut auf einem Büfett.

ZUBEREITEN ca. 35 Minuten
RUHEN 90 Minuten
BACKEN ca. 45 Minuten

ERGIBT 1 ZUPFBROT

FÜR DEN TEIG

600 g Weizenmehl Type 00 (11–15 % Eiweiß, alternativ Type 405) plus etwas mehr zum Bemehlen
12 g Salz
7 g Zucker
15 g frische Hefe (oder 5 g Trockenhefe)
300 g kaltes Wasser (idealerweise 5–6 °C)
30 g natives Olivenöl extra
30 g griechischer Joghurt (10 % Fett)
Olivenöl oder Pflanzenöl zum Einfetten

FÜR DIE KRÄUTERBUTTER

½ Bund glatte Petersilie
1 kleine Zwiebel
2 Knoblauchzehen
125 g weiche Butter
7 g Salz
1 Spritzer Zitronensaft

ZUM BESTREUEN

100 g Käse (z. B. Gouda, Reifegrad nach Belieben, oder Bergkäse)

AUSSERDEM

Kastenform (30 × 11 cm)

1 Für den Teig Mehl, Salz und Zucker in die Rührschüssel der Küchenmaschine geben und mit einem Kochlöffel vermischen. Die Hefe im Wasser auflösen, zum Mehl geben, Olivenöl und Joghurt hinzufügen und mit dem Knethaken auf kleinster Stufe **ca. 3 Minuten** kneten, bis das Mehl das Wasser absorbiert hat. Auf mittlere Geschwindigkeit erhöhen und **8–11 Minuten** kneten. Dann auf höchste Stufe stellen und **1–2 Minuten** weiterkneten, bis der Teig geschmeidig ist. (Alternativ von Hand 15–17 Minuten kneten.) **2** Den Teig auf die Arbeitsfläche geben, 4–5-mal dehnen und falten, dann zu einer Kugel auf Spannung schleifen. Eine Schüssel leicht einölen, den Teig hineingeben, mit einem feuchten Küchentuch abdecken und bei **Raumtemperatur 1 Stunde** reifen lassen. **3** In der Zwischenzeit für die Kräuterbutter die Petersilie abspülen, trocken schütteln und hacken. Die Zwiebel schälen, in feine Würfel schneiden und mit der Petersilie in eine Schüssel geben. Den Knoblauch schälen und durch die Presse in die Schüssel drücken. Butter, Salz und Zitronensaft hinzufügen und gut vermengen. **4** Den Käse reiben. Die Kastenform einfetten. **5** Den Teig auf die leicht bemehlte Arbeitsfläche stürzen und zu einem ca. 50 × 50 cm großen Quadrat ausrollen. Die Kräuterbutter gleichmäßig darauf verteilen und den Käse darüberstreuen. Nun den Teig in ca. 25 Quadrate à ca. 10 × 10 cm schneiden, 4–5 Stücke locker aufeinanderstapeln und in die hochkant gestellte Kastenform geben (das erste Quadrat liegt mit der unbelegten Seite auf der schmalen Formwand). Wieder 4–5 Stücke locker aufeinanderlegen, in die Form legen und die Form auf diese Weise füllen (das letzte Quadrat umdrehen, sodass die unbelegte Seite auf die andere schmale Formwand trifft). Die Kastenform wieder mit dem Boden auf die Arbeitsfläche stellen, abdecken und **30 Minuten** ruhen lassen. **6** Den Backofen auf **180 °C** Ober-/Unterhitze vorheizen. **7** Die Kastenform in den vorgeheizten Ofen (mittlere Schiene) geben und das Zupfbrot **ca. 45 Minuten** backen, bis es oben schön gebräunt ist. **8** Herausnehmen, kurz abkühlen lassen, dann das Zupfbrot aus der Form heben und auf einem Küchengitter noch etwas abkühlen lassen. Lauwarm oder auch kalt genießen.

FLUFFIGE SUBS

Diese luftig-lockeren Sandwichbrote eignen sich perfekt zum Belegen und sind – ganz ohne industrielle Zusätze – vor allem richtig lecker!

ZUBEREITEN ca. 30 Minuten
RUHEN 2 Stunden 15 Minuten
BACKEN 17–21 Minuten

ERGIBT 3 SUBS

FÜR DEN TEIG

520 g Weizenmehl Type 00 (alternativ Type 550) plus etwas mehr zum Bemehlen
15 g frische Hefe (oder 5 g Trockenhefe)
330 g Milch (Raumtemperatur, 3,5 % Fett)
7 g Zucker
13 g Salz
20 g weiche Butter
Olivenöl oder Pflanzenöl zum Einfetten

FÜR EISTREICHE UND TOPPING

1 Ei (Größe M)
50 g geriebener Parmesan gemischt mit 15 g getrocknetem Oregano, alternativ 1–2 EL Sesamsaat (nach Belieben)
50 g flüssige Butter

1 Für den Teig Mehl, Hefe, 165 g Milch, Zucker und Salz in die Rührschüssel der Küchenmaschine geben und bei langsamer Geschwindigkeit mit dem Knethaken **2–3 Minuten** kneten, bis das Mehl die Flüssigkeit absorbiert hat. Dann auf mittlere Stufe stellen, restliche Milch und Butter hinzufügen und **5–7 Minuten** kneten. Zum Schluss auf höchster Stufe **1–2 Minuten** kneten, bis der Teig richtig schön geschmeidig ist. (Alternativ per Hand 15–20 Minuten kneten.) 2 Den Teig auf die Arbeitsfläche stürzen, 4–5-mal dehnen und falten, dann zu einer Kugel auf Spannung schleifen. Eine Schüssel leicht einölen, den Teig hineingeben, mit einem feuchten Küchentuch abdecken und bei **Raumtemperatur 1 Stunde** ruhen lassen. 3 Den Teig wieder auf die Arbeitsfläche stürzen, durch leichtes Drücken entgasen und in 3 gleich große Stücke (à ca. 300 g) teilen. Die Teiglinge rundwirken, wenden, auf Spannung schleifen und abgedeckt bei **Raumtemperatur 15 Minuten** entspannen lassen. Dadurch lassen sie sich nachher viel leichter weiterverarbeiten. 4 Die Arbeitsfläche leicht bemehlen, die Teiglinge mit dem Nudelholz zu Kreisen ausrollen, jeweils straff aufrollen und die Naht mit den Fingerspitzen zusammendrücken, um sie zu verschließen. Die Teigstangen auf ein mit Backpapier ausgelegtes Backblech setzen, mit einem feuchten Küchentuch abdecken und bei **Raumtemperatur** noch mal **1 Stunde** reifen lassen. 5 Den Backofen auf **200 °C** Ober-/Unterhitze vorheizen. 6 Für die Eistreiche das Ei verquirlen. Die Teiglinge mit einem scharfen Messer einschneiden, mit dem Ei bestreichen und nach Belieben mit Parmesan-Oregano-Mischung oder Sesam bestreuen. 7 Das Blech in den vorgeheizten Ofen (mittlere Schiene) geben und die Subs **17–21 Minuten** mit viel Dampf backen. 8 Die Brote herausnehmen, sogleich mit flüssiger Butter bestreichen, mit einem Küchentuch abdecken und auf einem Küchengitter auskühlen lassen. So werden sie besonders weich und reißfest.

BUTTERMILCHBROT

Durch die Buttermilch im Teig bleibt die Krume besonders feucht und weich. Außerdem sorgt sie für den ganz besonderen, leicht säuerlichen Geschmack.

ZUBEREITEN ca. 20 Minuten
RUHEN 8 Stunden 15 Minuten – 16 Stunden 15 Minuten
BACKEN 50 Minuten

ERGIBT 1 BROT

500 g Weizenmehl Type 00 (11–15 % Eiweiß, alternativ Type 550) plus etwas mehr zum Bemehlen
10 g Salz
250 g Buttermilch
100 g kaltes Wasser (idealerweise 5–6 °C)
4 g frische Hefe (oder 1,5 g Trockenhefe)
Roggen- oder Reismehl zum Bemehlen

AUSSERDEM

ovales Gärkörbchen (siehe auch Tipp)
ovaler gusseiserner Topf mit Deckel (alternativ runder gusseiserner Topf oder Edelstahltopf mit ofenfestem Deckel)

TAG 1

1 Am Vortag für den Teig Mehl und Salz in die Rührschüssel der Küchenmaschine geben und mit einem Kochlöffel vermischen. Buttermilch und Wasser in ein Gefäß geben, die Hefe darin auflösen, die Flüssigkeit über das Mehl gießen und mit dem Knethaken erst bei langsamer Geschwindigkeit **2–3 Minuten**, dann auf mittlerer Stufe **5–7 Minuten** kneten. Zum Schluss auf höchster Stufe **1–2 Minuten** kneten, bis der Teig geschmeidig ist. (Alternativ von Hand 12–15 Minuten kneten.) **2** Den Teig auf die Arbeitsfläche stürzen, 4–5-mal dehnen und falten, dann zu einer Kugel auf Spannung schleifen. Mit einem feuchten Küchentuch abdecken und **15 Minuten** entspannen lassen. **3** Die Arbeitsfläche leicht bemehlen, den Teig auf Spannung langwirken und oval formen. Das Gärkörbchen mit Roggen- oder Reismehl bestäuben und die Teigkugel mit der Naht nach oben in das Gärkörbchen legen. Mit Frischhaltefolie abdecken und auch das Gärkörbchen umwickeln, damit sich keine Kruste bildet. In den **Kühlschrank** geben und **8–16 Stunden** reifen lassen.

TAG 2

4 Den Backofen auf **250 °C** Ober-/Unterhitze vorheizen, dabei den gusseisernen Topf mit Deckel im unteren Drittel des Ofens auf dem Rost platzieren und mit vorheizen. **5** Die Frischhaltefolie vom Gärkörbchen entfernen, einen Bogen Backpapier und ein Küchenschneidebrett darauflegen, alles mit beiden Händen wenden und das Gärkörbchen abnehmen. So lässt sich der Teig am einfachsten aus dem Gärkörbchen nehmen. **6** Etwas überschüssiges Backpapier abschneiden. Den heißen gusseisernen Topf mit Ofenhandschuhen aus dem Ofen nehmen, den Teigling mithilfe des Backpapiers hineingeben und nach Belieben einschneiden. Den Deckel wieder aufsetzen, den Topf in den vorgeheizten Ofen schieben und **50 Minuten** backen, dabei nach 30 Minuten den Deckel entfernen und die Temperatur auf **220 °C** reduzieren. **7** Das Brot aus dem Ofen nehmen, mithilfe des Backpapiers aus dem Topf heben, auf ein Küchengitter legen und vor dem Anschneiden mindestens **1 Stunde** auskühlen lassen.

TIPP Wenn du nur ein rundes Gärkörbchen hast, kannst du das natürlich genauso verwenden. Du solltest den Teig dann aber rundwirken.

BAGUETTE MIT KNOBLAUCHBUTTER

Rezept siehe Seite 26

BAGUETTE MIT KNOBLAUCHBUTTER

So gehen selbst gemachte Knoblauchbaguettes! Man kann sie übrigens auch sehr gut einfrieren und frisch aufbacken.

ZUBEREITEN ca. 45 Minuten
RUHEN 2 Stunden 15 Minuten
BACKEN 15–20 Minuten (Knoblauch), 17–21 Minuten (Baguettes)

ERGIBT 3 BAGUETTES

FÜR DEN TEIG

680 g Weizenmehl Type 00 (11–15 % Eiweiß, alternativ Type 550) plus etwas mehr zum Bemehlen
15 g feines Meersalz
12 g frische Hefe (oder 4 g Trockenhefe)
410 g kaltes Wasser (idealerweise 5–6 °C)
20 g natives Olivenöl extra plus etwas mehr zum Einfetten

FÜR DIE KNOBLAUCHBUTTER

1 Knoblauchknolle
Salz
1–2 EL natives Olivenöl extra
100 g Parmesan
1 kleines Bund glatte Petersilie (25 g)
100 g weiche Butter
schwarzer Pfeffer aus der Mühle zum Abschmecken

AUSSERDEM

Alufolie
Backstahl oder -stein (alternativ umgedrehtes Backblech)
Brot- oder Pizzaschieber (alternativ großes Küchenbrett)

1 Für den Teig Mehl und Salz in die Rührschüssel der Küchenmaschine geben und mit einem Kochlöffel vermischen. Die Hefe im Wasser auflösen, dazugeben und mit dem Knethaken auf kleinster Stufe **3 Minuten** kneten, bis das Mehl das Wasser gebunden hat. Auf mittlere Geschwindigkeit schalten, das Olivenöl hinzufügen und **7–9 Minuten** kneten. Zum Schluss auf höchster Stufe noch **1–2 Minuten** kneten, bis der Teig geschmeidig ist. (Alternativ von Hand 15–20 Minuten kneten.) **2** Den Teig auf die Arbeitsfläche stürzen, 4–5-mal dehnen und falten, dann zu einer Kugel auf Spannung schleifen. Eine Schüssel leicht einölen, die Teigkugel hineingeben, mit einem feuchten Küchentuch abdecken und bei **Raumtemperatur 1 Stunde** reifen lassen. **3** Die Arbeitsfläche mit Mehl bestäuben, den Teig aus der Schüssel daraufgleiten lassen und 3 gleich große Stücke (à ca. 370 g) abstechen. Diese rundwirken, wenden und die Kugeln auf Spannung schleifen. Mit einem feuchten Küchentuch abdecken und **15 Minuten** entspannen lassen. **4** Die Teiglinge mit etwas Mehl bestäuben, wenden, sodass die bemehlte Seite unten liegt und zuerst den vorderen Teil zur Mitte hin falten und vorsichtig andrücken (siehe auch Step-Fotos auf S. 45). Dann um 180 Grad drehen, den Vorgang wiederholen und die Naht mit den Fingerspitzen zusammendrücken, um sie dicht zu verschließen. **5** Nun mit etwas Druck und Rollen die Teiglinge in die typische Baguetteform (ca. 35 cm lang) bringen. Mit Abstand auf ein bemehltes Küchentuch legen, dabei das Tuch zwischen den Teiglingen etwas hochziehen. Ohne abdecken noch mal **1 Stunde** ruhen lassen, damit sich eine leichte Kruste bildet. So lassen sich die Teiglinge später besser einschneiden. **6** Den Backofen auf **230 °C** Ober-/Unterhitze mit dem Backstahl oder -stein (mittlere Schiene) vorheizen. **7** Für die Knoblauchbutter von einer ganzen Knoblauchknolle den Stielansatz großzügig abschneiden, sodass auch die Spitzen der Zehen ein klein wenig gekappt werden, und die Knolle auf ein Stück Alufolie setzen.

Mit etwas Salz bestreuen, mit dem Olivenöl beträufeln, die Alufolie darüberschlagen und verschließen. Das Päckchen in den vorgeheizten Ofen auf den Backstahl oder -stein geben und **15–20 Minuten** backen. **8** Die Knoblauchknolle aus dem Ofen nehmen, auspacken, den Inhalt der Zehen in eine Schüssel drücken, z. B. mit einer Gabel, und abkühlen lassen. Währenddessen den Parmesan fein reiben. Die Petersilie abspülen trocken schütteln und hacken. Parmesan, Petersilie und Butter zum Knoblauch geben, mischen und mit Salz und Pfeffer abschmecken. **9** Nach der Reifezeit die Teiglinge auf Backpapier legen und mit einer scharfen Klinge dreimal diagonal einschneiden. Mithilfe des Backpapiers auf den Brotschieber ziehen, die Teiglinge samt Backpapier auf den Backstahl befördern und mit viel Dampf **10–12 Minuten** backen, damit die Baguettes schön aufgehen. **10** Die Baguettes aus dem Ofen nehmen (diesen nicht ausschalten), kurz abkühlen lassen, dann mit einem Brotmesser mehrmals quer oder diagonal zwei Drittel tief einschneiden. Die Knoblauchbutter in die Einschnitte streichen, die Baguettes wieder in den Ofen geben und weitere **7–9 Minuten** backen. **11** Herausnehmen, etwas abkühlen lassen und die Knoblauchbaguettes noch warm genießen.

TIPP Wenn du die Baguettes auf Vorrat einfrieren möchtest, einfach wie oben beschrieben vorbacken, dann auskühlen lassen, in Gefrierbeutel verpacken und einfrieren. Später bei Bedarf auftauen lassen, einschneiden, mit Knoblauchbutter füllen und wie angegeben im vorgeheizten Ofen bei 230 °C Ober-/Unterhitze 7–9 Minuten backen.
Baguettes gelingen am besten, wenn man sie, wie hier erklart, In einer ganz bestimmten Weise formt. Du kannst dich dabei an den Step-Fotos auf S. 45 orientieren.

ZWIEBELBROT

Wer Zwiebeln liebt, wird von diesem aromatischen Brot begeistert sein. Das Brot eignet sich ideal als Beilage oder zum Vespern.

ZUBEREITEN ca. 35 Minuten
RUHEN 8–14 Stunden
BACKEN 45–50 Minuten

ERGIBT 1 BROT

FÜR DIE ZWIEBELN

2 mittelgroße Zwiebeln (100 g)
10 g natives Olivenöl extra zum Anbraten

FÜR DEN TEIG

500 g Weizenmehl Type 00 (11–15 % Eiweiß, alternativ Type 550)
10 g Salz
3 g frische Hefe (oder 1 g Trockenhefe)
310 g kaltes Wasser (idealerweise 5–6 °C)
10 g natives Olivenöl extra
Roggen- oder Reismehl zum Bemehlen

AUSSERDEM

rundes (oder ovales) Gärkörbchen
Backstahl oder -stein (alternativ umgedrehtes Backblech)
Brot- oder Pizzaschieber (alternativ großes Küchenschneidebrett)

TAG 1

1 Am Vortag die Zwiebeln schälen und in kleine Würfel schneiden. Das Olivenöl in einer Pfanne erhitzen und die Zwiebeln darin anbraten, bis sich Röstaromen bilden. Dann in eine Schüssel geben, beiseitestellen und abkühlen lassen. **2** Für den Teig Mehl und Salz in die Rührschüssel der Küchenmaschine geben und mit einem Kochlöffel vermischen. Die Hefe im Wasser auflösen, dazugeben, dann die Zwiebeln hinzufügen und mit dem Knethaken bei langsamer Geschwindigkeit **2–3 Minuten** kneten, bis das Mehl das Wasser gebunden hat. Dann auf mittlere Stufe stellen, das Olivenöl hinzugeben und **5–7 Minuten** weiterkneten. Zum Schluss auf höchste Stufe schalten und **1–2 Minuten** weiterkneten, bis der Teig geschmeidig ist. (Alternativ von Hand 15–20 Minuten kneten.) **3** Das Gärkörbchen mit Roggen- oder Reismehl bestäuben. Den Teig auf die Arbeitsfläche geben, 4–5-mal dehnen und falten, dann zu einer Kugel auf Spannung schleifen (für ein längliches Brot oval formen). Mit der Naht nach oben in das Gärkörbchen legen. Mit Frischhaltefolie abdecken und auch das Gärkörbchen umwickeln, damit sich keine Kruste bildet. In den **Kühlschrank** geben und **8–14 Stunden** reifen lassen.

TAG 2

4 Den Backofen auf **250 °C** Ober-/Unterhitze vorheizen, dabei den Backstahl oder -stein im unteren Drittel des Ofens platzieren und mit vorheizen. **5** Die Frischhaltefolie vom Gärkörbchen entfernen, einen Bogen Backpapier und ein Küchenschneidebrett darauflegen, alles mit beiden Händen wenden und das Gärkörbchen abnehmen. So lässt sich der Teig am praktischsten aus dem Gärkörbchen nehmen. **6** Etwas überschüssiges Backpapier mit einer Schere abschneiden, den Teigling mithilfe des Papiers auf den Brotschieber ziehen, mit einem scharfen Messer kreuzweise einschneiden und in den vorgeheizten Ofen auf den Backstahl oder -stein befördern. Sofort beschwaden, die Ofentür schließen und **45–50 Minuten** backen. Dabei nach **20 Minuten** durch Öffnen der Ofentür den Dampf ablassen, die Temperatur auf **180 °C** reduzieren und das Brot zu Ende backen. **7** Das Zwiebelbrot herausnehmen und auf einem Küchengitter **ca. 45 Minuten** auskühlen lassen, bevor man es anschneidet.

TOASTBROT

Einfach hergestellt, wattig-weich, fluffig, aromatisch und bekömmlich – und das ganz ohne industrielle Zusätze.

ZUBEREITEN ca. 30 Minuten
RUHEN 10–18 Stunden 15 Minuten
BACKEN 20–25 Minuten

ERGIBT 1 BROT

FÜR DEN POOLISH

195 g kaltes Wasser (idealerweise 5–6 °C)
0,5 g frische Hefe (oder 0,2 g bzw. 1 Prise Trockenhefe)
195 g Weizenmehl Type 00 (11–15 % Eiweiß, alternativ Type 550)

FÜR DEN HAUPTTEIG

120 g Milch (Raumtemperatur, 3,5 % Fett)
8 g frische Hefe (oder 2,5 g Trockenhefe)
290 g Weizenmehl Type 00 (11–15 % Eiweiß, alternativ Type 550)
20 g Honig
15 g weiche Butter
10 g Salz
natives Olivenol extra oder Pflanzenöl zum Einfetten

AUSSERDEM

Toastbrotbackform mit Deckel (ca. 34 × 12 cm), alternativ Kastenform (ca. 32–35 × 11 cm)

TAG 1

1 Am Vortag für den Poolish Wasser, Hefe und Mehl in einen Behälter (oder eine Schüssel) geben und mit einem Kochlöffel vermengen, bis eine Paste entsteht. Luftdicht verschließen und den Poolish bei **Raumtemperatur 8–16 Stunden** reifen lassen.

TAG 2

2 Am nächsten Tag für den Hauptteig den Poolish mit Milch, Hefe, Mehl, Honig, Butter und Salz in die Rührschüssel der Küchenmaschine geben und mit dem Knethaken erst bei langsamer Geschwindigkeit **2–3 Minuten,** dann bei mittlerer Geschwindigkeit **10–15 Minuten** kneten. Zum Schluss auf höchster Stufe noch **1–2 Minuten** kneten, bis der Teig geschmeidig ist. (Alternativ von Hand 15–20 Minuten kneten.) 3 Den Teig auf die Arbeitsfläche geben, 4–5-mal dehnen und falten, dann zu einer Kugel auf Spannung schleifen, mit einem feuchten Küchentuch abdecken und **15 Minuten** ruhen lassen. 4 Den Teig in 4 gleich große Stücke (à ca. 210 g) teilen, dann jeweils rundwirken, wenden und auf Spannung schleifen, dabei ovale Teiglinge formen. Die Toastbrotform einölen oder mit Backpapier auslegen, die Teiglinge quer nebeneinander hineinlegen, mit einem feuchten Küchentuch abdecken und **2 Stunden** bei **Raumtemperatur** ruhen lassen. 5 Den Backofen auf **230 °C** Ober-/Unterhitze vorheizen. 6 Die Kastenform auf den Rost (mittlere Schiene) im vorgeheizten Ofen geben, ordentlich beschwaden und die Backofentür sofort schließen. Die Temperatur auf **200 °C** reduzieren und das Brot **20–25 Minuten** backen. 7 Das Toastbrot aus dem Ofen nehmen, kurz abkühlen lassen, dann aus der Form stürzen und auf einem Küchengitter auskühlen lassen. Fertig!

TIPP Mittlerweile werden immer mehr spezielle Toastbrotbackformen angeboten, mit denen man die typisch quadratische Form erhält. Wenn du dieses superleckere Toastbrot öfter backen möchtest, dann lohnt sich die Anschaffung.
Wenn man den Teig quer in „Päckchen" in die Form gibt, geht er gleichmäßiger auf, was bei Toastbrot auf jeden Fall gewünscht ist.

BÁNH-MÌ-BAGUETTE

Dieses vietnamesisch-französische Fusionsgebäck lässt sich wie ein Sandwich vielfältig belegen. Gern wird es mit Rührei und Schnittlauch serviert.

ZUBEREITEN ca. 30 Minuten
RUHEN 1 Stunde 45 Minuten
BACKEN 16–20 Minuten

ERGIBT 6 BÁNH-MÌ-BAGUETTES

500 g Weizenmehl Type 00 (alternativ Type 550) plus etwas mehr zum Bemehlen
10 g Zucker
12 g Salz
20 g frische Hefe (oder 7 g Trockenhefe)
300 g kaltes Wasser (idealerweise 5–6 °C)
25 g weiche Butter
Olivenöl oder Pflanzenöl zum Einfetten

TIPP Wenn du deine Bánh-mì-Baguettes etwas weicher haben möchtest, dann decke sie nach dem Backen mit einem Küchentuch ab. Das Kondenswasser lässt sie weich werden.

1 Mehl, Zucker und Salz in die Rührschüssel der Küchenmaschine geben und mit einem Kochlöffel vermischen. Die Hefe im Wasser auflösen, hinzugeben und mit dem Knethaken bei niedriger Geschwindigkeit **2–3 Minuten** kneten, bis das Mehl das Wasser gebunden hat. Die Schüssel mit einem feuchten Küchentuch abdecken und den Teig **30 Minuten** ruhen lassen. **2** Die Butter hinzugeben, auf mittlere Geschwindigkeit stellen und **7–10 Minuten** weiterkneten, dann auf höchste Stufe schalten und **1–2 Minuten** kneten, bis der Teig richtig schön geschmeidig ist. (Alternativ 15–20 Minuten von Hand kneten.) **3** Den Teig auf die Arbeitsfläche stürzen, dehnen und falten, dann auf Spannung schleifen. Eine Schüssel leicht einölen, die Teigkugel hineingeben, mit einem feuchten Küchentuch abdecken und bei **Raumtemperatur 1 Stunde** ruhen lassen. **4** Den Teig wieder auf die Arbeitsfläche stürzen, in 6 gleich große Stücke (à ca. 145 g) teilen, dann rundwirken, wenden und zu Kugeln auf Spannung schleifen. Die Teiglinge mit einem feuchten Küchentuch abdecken und **15 Minuten** entspannen lassen. **5** Arbeitsfläche und Teiglinge leicht bemehlen und mit dem Nudelholz zu 5 mm dünnen ovalen Fladen ausrollen. Dann, wie auf den Step-Fotos zu sehen, an einer kurzen Seite einmal einschlagen, andrücken und den Fladen bis zum Ende aufrollen. Die Naht mit den Fingerspitzen versiegeln und die Teigrolle mit den Handflächen vor- und zurückrollen, sodass die Enden der Teigstränge rundlich-spitz geformt werden. Auf ein mit Backpapier ausgelegtes Backblech geben, mit einem feuchten Küchentuch abdecken und bei **Raumtemperatur 1 Stunde** ruhen lassen. **6** Den Backofen auf **250 °C** Ober-/Unterhitze vorheizen. **7** Die Teiglinge nach Belieben mit einem sehr scharfen Messer oder einer Rasierklinge längs einschneiden. Das Blech in den vorgeheizten Ofen (mittlere Schiene) schieben, beschwaden und sofort die Ofentür schließen. Die Temperatur auf **230 °C** reduzieren und die Baguettes **16–20 Minuten** backen, dabei nach **ca. 10 Minuten** die Ofentür kurz zu öffnen, damit der Dampf entweicht und die Bánh mì besonders goldbraun und knusprig werden. **8** Die Bánh-mì-Baguettes herausnehmen und auf einem Küchengitter auskühlen lassen.

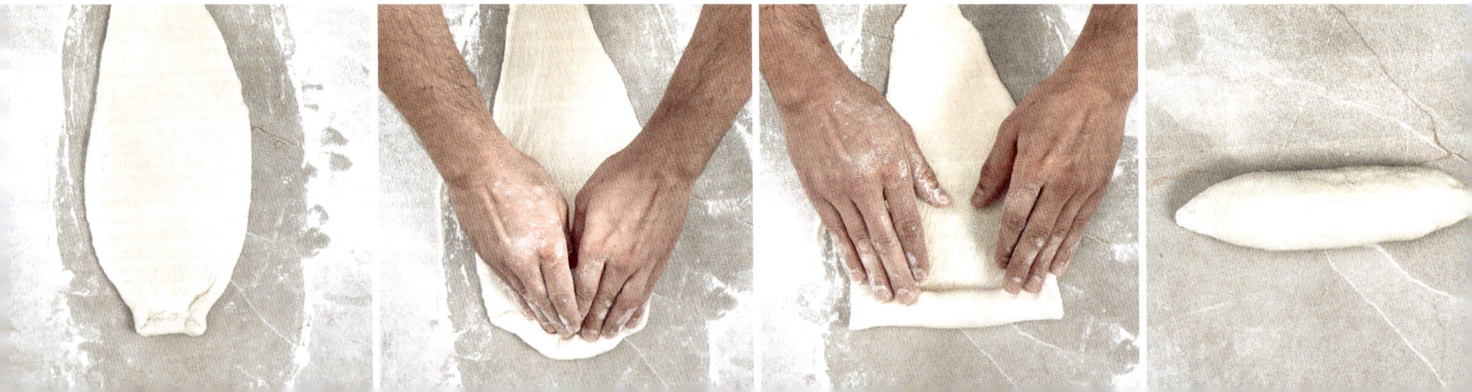

WEIZENSAUERTEIGBROT

Rezept siehe Seite 36

WEIZENSAUERTEIGBROT

Hier zeige ich euch, wie man ein Brot mit natürlicher Sauerteig-Fermentation backt. Dieses Sauerteigbrot hat komplexe Aromen und ist besonders bekömmlich. Die knusprige und weiche Krume macht geradezu süchtig.

ZUBEREITEN ca. 25 Minuten
RUHEN 20–25 Stunden
BACKEN 50 Minuten

ERGIBT 1 BROT

FÜR DEN VORTEIG

25 g Sauerteig (siehe S. 144)
45 g kaltes Wasser (idealerweise 5–6 °C)
45 g Weizenmehl Type 00 (alternativ Type 550)

FÜR DEN AUTOLYSETEIG

230 g kaltes Wasser (idealerweise 5–6 °C)
355 g Weizenmehl Type 00 (alternativ Type 550)

FÜR DEN HAUPTTEIG

9 g Salz
natives Olivenöl extra oder Pflanzenöl zum Einfetten
Roggen- oder Reismehl zum Bemehlen

AUSSERDEM

ovales Gärkörbchen
ovaler gusseiserner Topf mit Deckel (alternativ runder gusseiserner Topf oder Edelstahltopf mit ofenfestem Deckel)

TAG 1

1 Am Vortag für den Vorteig Sauerteig, Wasser und Mehl in einem Behälter (oder einer Schüssel) mit einem Kochlöffel vermengen, bis eine Paste entsteht. Luftdicht verschließen und bei **Raumtemperatur 5–6 Stunden** reifen lassen (alternativ bis zum nächsten Tag im Kühlschrank reifen lassen). 2 Für den Autolyseteig Wasser und Mehl in die Rührschüssel der Küchenmaschine geben und mit dem Knethaken bei langsamer Geschwindigkeit **ca. 2 Minuten** kneten. Die Maschine abschalten, die Schüssel mit einem feuchten Küchentuch abdecken und den Teig **30 Minuten** ruhen lassen. Während dieser Zeit bilden sich die ersten starken Klebereiweißketten und das Mehl quillt auf. 3 Für den Hauptteig den Vorteig zum Autolyseteig geben und **2–3 Minuten** bei langsamer Geschwindigkeit kneten. Auf mittlere Geschwindigkeit stellen, das Salz hinzufügen und **8–10 Minuten** kneten. Zum Schluss auf höchste Stufe stellen und **1–2 Minuten** weiterkneten, bis der Teig geschmeidig ist. (Alternativ ca. 15 Minuten von Hand kneten.) 4 Einen Behälter (oder eine Schüssel) leicht einölen, den Teig hineingeben und mit der Coil-fold-Methode falten. Luftdicht verschließen und **30 Minuten** ruhen lassen. Diesen Vorgang noch zweimal wiederholen. 5 Den Teig auf die leicht bemehlte Arbeitsfläche gleiten lassen, auf Spannung langwirken und oval schleifen. 6 Das Gärkörbchen mit Roggen- oder Reismehl bestäuben und den Teigling mit der Naht nach oben hineinlegen. Mit Frischhaltefolie abdecken und auch das Gärkörbchen umwickeln, damit sich keine Kruste bildet. In den **Kühlschrank** stellen und **12–16 Stunden** reifen lassen.

TAG 2

7 Am nächsten Tag den Backofen auf **250 °C** Ober-/Unterhitze vorheizen, dabei den gusseisernen Topf mit Deckel im unteren Drittel des Ofens auf dem Rost platzieren und mit vorheizen. 8 Die Frischhaltefolie vom Gärkörbchen entfernen, einen Bogen Backpapier und ein Küchenschneidebrett darauflegen, alles mit beiden Händen wenden und das Gärkörbchen abnehmen. So lässt sich der Teig am besten aus dem Gärkörbchen lösen. 9 Etwas überschüssiges Backpapier abschneiden. Den heißen Topf mit Ofenhandschuhen aus dem Ofen nehmen, den Teigling mithilfe des Backpapiers hineingeben und nach Belieben einschneiden. Den Deckel wieder aufsetzen, den Topf in den Ofen schieben und das Brot **50 Minuten** backen, dabei nach **30 Minuten** den Deckel entfernen und die Temperatur auf **220 °C** reduzieren. 10 Das Brot aus dem Ofen nehmen, mithilfe des Backpapiers aus dem Topf heben, auf ein Küchengitter legen und vor dem Anschneiden mindestens **1 Stunde** auskühlen lassen.

TIPP Vor dem Backen am besten einen Drucktest machen, um den Reifegrad des Teiges festzustellen (siehe S. 150). Wer keinen ovalen Topf hat, nimmt einen runden und sollte dann den Teigling rundwirken und rundschleifen.

HANDBROT

Dieser herzhafte Snack ist besonders auf geselligen Events beliebt. Er darf aber auch ohne Party gerne auf dem Tisch landen, denn er hat es verdient, möglichst oft gegessen zu werden.

ZUBEREITEN ca. 35 Minuten
RUHEN 14–24 Stunden
BACKEN 19–21 Minuten

ERGIBT 12 HANDBROTE
FÜR DEN TEIG

- 500 g Weizenmehl Type 00 (11–15 % Eiweiß, alternativ Type 405) plus etwas mehr zum Bemehlen
- 15 g Salz
- 3 g frische Hefe (oder 1 g Trockenhefe)
- 310 g kaltes Wasser (idealerweise 5–6 °C)
- 15 g natives Olivenöl extra plus etwas mehr zum Einfetten

FÜR DIE FÜLLUNG

- 150 g Gouda (Reifegrad nach Belieben)
- 150 g Kochschinken

TIPP Dazu passt ein Dip super: 200 g Schmand und 40 g frisch gehackten Schnittlauch in einer Schüssel vermischen und mit Salz und Pfeffer abschmecken. Nach Bedarf noch ein wenig Wasser unterrühren. Genießen!

TAG 1

1 Am Vortag für den Teig Mehl und Salz in die Rührschüssel der Küchenmaschine geben und mit einem Kochlöffel vermischen. Die Hefe im Wasser auflösen, zusammen mit dem Olivenöl dazugeben und mit dem Knethaken auf kleinster Stufe **2–3 Minuten** kneten, bis das Wasser absorbiert ist. Auf mittlere bis schnelle Geschwindigkeit stellen und **6–8 Minuten** kneten. Zum Schluss auf höchster Stufe noch **1–2 Minuten** kneten, bis der Teig schön geschmeidig ist. (Alternativ von Hand 12–15 Minuten kneten.) **2** Den Teig auf die Arbeitsfläche geben, 4–5-mal dehnen und falten, dann zu einer Kugel auf Spannung schleifen. Einen Behälter einölen, den Teig hineingeben, luftdicht verschließen und im **Kühlschrank 14–24 Stunden** reifen lassen.

TAG 2

3 Am nächsten Tag den Backofen auf **230 °C** Ober-/Unterhitze vorheizen. Ein Backblech mit Backpapier belegen. **4** Den Teig auf die bemehlte Arbeitsfläche stürzen, mit Mehl bestäuben und mit einer Teigkarte halbieren. Eine Teighälfte nun mit den Händen leicht zu einem Rechteck ziehen und mit dem Nudelholz zu einem ca. 7 mm dicken ca. 30 × 40 cm großen Rechteck ausrollen. **5** Für die Füllung den Gouda reiben, die Hälfte davon auf dem Fladen verteilen und mit der Hälfte des Kochschinkens belegen. Dabei darauf achten, dass rundherum ein Rand von ca. 2 cm frei bleibt. **6** Nun die beiden kurzen Seiten 7–8 cm zur Mitte hin einschlagen, sodass sich die Kanten gerade berühren. Anschließend die länglichen Seiten so zur Mitte legen, dass die letzte Kante die andere lange Kante etwas überlappt. Leicht andrücken, die Naht mit den Fingerspitzen zusammendrücken, um sie zu verschließen, wenden und auf eine Hälfte des vorbereiteten Blechs legen. **7** Auf die gleiche Weise die zweite Teighälfte vorbereiten und auf das Blech setzen. **8** Mit einem Messer oder einer Teigkarte die gefüllten Teigstücke quer in 6 gleich breite Streifen schneiden, dabei nicht verschieben. **9** Die Handbrote in den vorgeheizten Ofen (mittlere Schiene) geben und **19–21 Minuten** backen. **10** Aus dem Ofen nehmen, etwas abkühlen lassen und die Handbrote warm genießen.

KLASSISCHES HEFEBROT

Dieses Brot benötigt nicht viel, um glücklich zu machen: Mehl, Wasser, Salz und Hefe. Durch die Übernachtgare wird es besonders aromatisch und bekömmlich – einfach und lecker!

ZUBEREITEN ca. 20 Minuten
RUHEN 8–16 Stunden
BACKEN 50 Minuten

ERGIBT 1 BROT

500 g Weizenmehl Type 00 (11–15 % Eiweiß, alternativ Type 550)
12 g Salz
4 g frische Hefe (oder 1,5 g Trockenhefe)
350 g kaltes Wasser (idealerweise 5–6 °C)
Roggen- oder Reismehl zum Bemehlen

AUSSERDEM

rundes Gärkörbchen
gusseiserner Topf mit Deckel (alternativ Edelstahltopf mit ofenfestem Deckel)

TAG 1

1 Am Vortag Mehl und Salz in die Rührschüssel der Küchenmaschine geben und mit einem Kochlöffel vermischen. Die Hefe im Wasser auflösen, hinzugeben und mit dem Knethaken erst bei langsamer Geschwindigkeit **2–3 Minuten,** dann bei mittlerer Geschwindigkeit **5–7 Minuten** kneten. Zum Schluss auf höchster Stufe noch **1–2 Minuten** kneten, bis der Teig geschmeidig ist. (Alternativ von Hand 15–20 Minuten kneten.) 2 Den Teig auf die Arbeitsfläche stürzen, 4–5-mal dehnen und falten, dann zu einer Kugel auf Spannung schleifen. Das Gärkörbchen mit Roggen- oder Reismehl bestäuben und die Teigkugel mit der Naht nach oben hineinlegen. Mit Frischhaltefolie abdecken und auch das Gärkörbchen umwickeln, damit sich keine Kruste bildet. In den **Kühlschrank** geben und **8–16 Stunden** reifen lassen.

TAG 2

3 Den Backofen auf **250 °C** Ober-/Unterhitze vorheizen, dabei den gusseisernen Topf mit Deckel im unteren Drittel des Ofens auf dem Rost platzieren und mit vorheizen. 4 Die Frischhaltefolie vom Gärkörbchen entfernen, einen Bogen Backpapier und ein Küchenschneidebrett darauflegen, alles mit beiden Händen wenden und das Gärkörbchen abnehmen. So lässt sich der Teig am leichtesten aus dem Gärkörbchen lösen. 5 Etwas überschüssiges Backpapier abschneiden. Den heißen gusseisernen Topf mit Ofenhandschuhen aus dem Ofen nehmen, den Teigling mithilfe des Backpapiers hineingeben und mehrfach einschneiden. Den Deckel wieder aufsetzen, den Topf in den vorgeheizten Ofen schieben und **50 Minuten** backen, dabei nach **30 Minuten** den Deckel entfernen und die Temperatur auf **220 °C** reduzieren. 6 Das Brot aus dem Ofen nehmen, mithilfe des Backpapiers aus dem Topf heben, auf ein Küchengitter legen und vor dem Anschneiden mindestens **1 Stunde** auskühlen lassen.

TIPP Du kannst natürlich auch ein ovales Gärkörbchen nehmen und ein längliches Brot backen. Dann solltest du den Teig aber langwirken. Die Backzeit ändert sich nicht.

FRANZÖSISCHE BAGUETTES

Rezept siehe Seite 44

FRANZÖSISCHE BAGUETTES

Schon der erste Bissen in dieses Baguette zaubert ein Lächeln ins Gesicht – und man fühlt sich direkt zurückversetzt in den letzten Frankreich-Trip.

ZUBEREITEN 35 Minuten
RUHEN 13–21 Stunden
BACKEN ca. 20 Minuten

ERGIBT 3 BAGUETTES

FÜR DEN POOLISH

- 200 g kaltes Wasser (idealerweise 5–6 °C)
- 0,5 g frische Hefe (oder 0,2 g bzw. 1 Prise Trockenhefe)
- 200 g Weizenmehl Type 00 (11–15 % Eiweiß)

FÜR DEN HAUPTTEIG

- 245 g Weizenmehl Type 00 (11–15 % Eiweiß) plus etwas mehr zum Bemehlen
- 100 g kaltes Wasser (idealerweise 5–6 °C)
- 6 g frische Hefe (oder 2 g Trockenhefe)
- 13 g feines Meersalz
- natives Olivenöl extra oder Pflanzenöl zum Einfetten

AUSSERDEM

- Brot- oder Pizzaschieber (alternativ großes Küchenschneidebrett)
- Backstahl oder -stein (alternativ umgedrehtes Backblech)

TAG 1

1 Am Vortag für den Poolish Wasser, Hefe und Mehl in einen Behälter (oder eine Schüssel) geben und mit einem Kochlöffel vermengen, bis eine Paste entsteht. Luftdicht verschließen und bei **Raumtemperatur 8–16 Stunden** reifen lassen.

TAG 2

2 Am nächsten Tag für den Hauptteig den Poolish zusammen mit Mehl, Wasser und Hefe in die Rührschüssel der Küchenmaschine geben und mit dem Knethaken auf langsamer Stufe **2–3 Minuten** kneten, bis das Mehl das Wasser gebunden hat. Dann das Salz hinzufügen und bei mittlerer Geschwindigkeit **6–8 Minuten** weiterkneten. Zum Schluss auf höchste Stufe stellen und noch **1–2 Minuten** kneten, bis der Teig richtig schön geschmeidig ist. (Alternativ von Hand 15–20 Minuten kneten.) 3 Den Teig auf die Arbeitsfläche stürzen, 4–5-mal dehnen und falten, dann zu einer Kugel auf Spannung schleifen. Eine Schüssel leicht einölen, den Teig hineingeben, mit einem feuchten Küchentuch abdecken und bei **Raumtemperatur 2 Stunden** ruhen lassen. 4 Den Teig auf die Arbeitsfläche stürzen, in 3 gleich große Stücke (à ca. 255 g) teilen, dann rundwirken, wenden und die Kugeln auf Spannung schleifen. Die Teiglinge mit einem feuchten Küchentuch abdecken und **1 Stunde** ruhen lassen. 5 Dann, wie auf den Step-Fotos zu sehen, die Teiglinge jeweils mit etwas Mehl bestäuben, wenden, sodass die bemehlte Seite unten liegt, in eine rechteckige Form auseinanderziehen, dann den vorderen Teil zur Mitte hin falten und vorsichtig andrücken. Um 180 Grad drehen, den Vorgang wiederholen und die Naht mit den Fingerspitzen zusammendrücken, um sie dicht zu verschließen. 6 Nun mit etwas Druck und Rollen die Teiglinge in die typische Baguetteform bringen. Mit Abstand auf ein bemehltes Küchentuch legen, dabei das Tuch zwischen den Teiglingen etwas hochziehen.

Ohne sie abzudecken, die Teiglinge noch mal **2 Stunden** ruhen lassen, damit sich eine leichte Kruste bildet. So lassen sie sich später besser einschneiden. **7** Den Backofen mit dem Backstahl oder -stein (mittlere Schiene) auf **250 °C** Ober-/Unterhitze vorheizen. **8** Die Teiglinge auf den mit Backpapier belegten Brotschieber legen, mit einer Rasierklinge (oder einem sehr scharfen Messer) diagonal einschneiden, auf den heißen Backstahl oder -stein befördern und mit viel Dampf **ca. 20 Minuten** backen. Dabei nach **ca. 10 Minuten** die Backofentür kurz öffnen, damit Dampf entweichen kann. Die trockenere Hitze sorgt für eine schöne Farbe und eine besondere Kruste. **9** Die Baguettes aus dem Ofen nehmen, auf einem Küchengitter auskühlen lassen und genießen.

TIPP Du kannst die Baguettes auch 12 Minuten vorbacken, anschließend auskühlen lassen, in Gefrierbeutel geben und einfrieren. Möchtest du eines davon ein paar Tage später genießen, dann 10 Minuten bei Raumtemperatur antauen lassen und im vorgeheizten Backofen bei 210 °C Ober-/Unterhitze ca. 12 Minuten fertig backen, bis die gewünschte Bräunung erreicht ist.

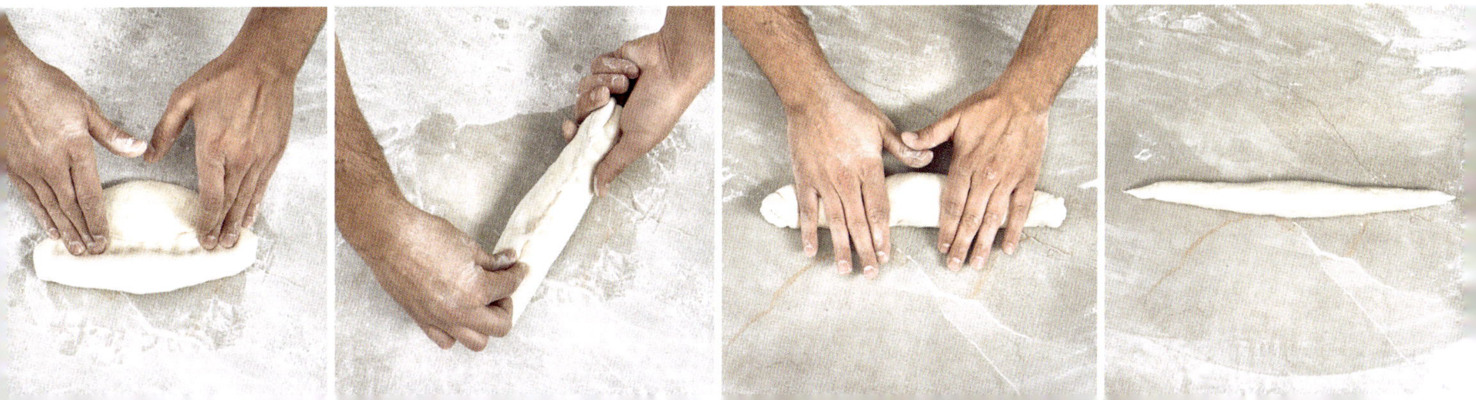

Fladenbrote

UND INTERNATIONALE SPEZIALITÄTEN

FLAMMFLADEN

Flammkuchen lieben wir alle. Flammfladen ist die Kombination aus einem luftigen Fladenbrot mit den wenigen, aber sehr köstlichen Toppings eines Flammkuchens.

ZUBEREITEN ca. 30 Minuten
RUHEN 12–24 Stunden
BACKEN 16–20 Minuten

ERGIBT 4 FLAMMFLADEN

FÜR DEN TEIG
- 620 g kaltes Wasser (idealerweise 5–6 °C)
- 1 g frische Hefe (oder 0,3 g Trockenhefe)
- 1 kg Weizenmehl Type 00 (11–15 % Eiweiß)
- 30 g feines Meersalz
- 30 g natives Olivenöl extra
- natives Olivenöl extra oder Pflanzenöl zum Einfetten
- Semola rimacinata (Hartweizenmehl, alternativ Weizenmehl Type 00)

FÜR DEN BELAG
- 3 rote Zwiebeln (à 80 g)
- Salz
- 500 g Crème fraîche
- schwarzer Pfeffer aus der Mühle
- 400 g Speckwürfel
- 2 EL Schnittlauchröllchen

AUSSERDEM
- Backstahl oder -stein (alternativ umgedrehtes Backblech)
- Brot- oder Pizzaschieber (alternativ großes Küchenschneidebrett, siehe auch Tipp)

TAG 1

1 Am Vortag für den Teig Wasser, Hefe und Mehl in die Rührschüssel der Küchenmaschine geben und mit dem Knethaken auf langsamer Stufe **2–3 Minuten** kneten, bis das Mehl das Wasser gebunden hat. Dann auf mittlere Geschwindigkeit erhöhen, Salz und Olivenöl hinzufügen und **7–9 Minuten** kneten. Zum Schluss auf höchste Stufe stellen und noch **1–2 Minuten** kneten, bis der Teig geschmeidig ist. (Alternativ von Hand 15–20 Minuten kneten.) **2** Den Teig auf die Arbeitsfläche stürzen, 4–5-mal dehnen und falten, dann zu einer schönen Kugel auf Spannung schleifen. Einen Behälter (oder eine Schüssel) leicht einölen, den Teig hineingeben, luftdicht verschließen und bei **Raumtemperatur 12–24 Stunden** reifen lassen.

TAG 2

3 Am nächsten Tag für den Belag die Zwiebeln schälen, halbieren, in feine Ringe schneiden, salzen und beiseitestellen (durch das Salzen wässern sie nicht während des Backens). Crème fraîche in eine Schüssel geben und mit Salz und Pfeffer abschmecken. **4** Den Backofen mit dem Backstahl oder -stein (mittlere Schiene) auf **250 °C** Ober-/Unterhitze vorheizen. **5** Die Arbeitsfläche mit Semola bestäuben und den Teig aus der Schüssel daraufgleiten lassen. Auch den Teig mit Semola bemehlen und in 4 gleich große Stücke (à 420 g) teilen. Dann 2 Teigstücke bearbeiten: mit den Fingerkuppen Mulden hineindrücken und dabei eckig-rustikale Fladen (ca. 18 × 14 cm) formen. Die Hälfte der gewürzten Crème fraîche auf beide Fladen streichen. Die roten Zwiebeln ausdrücken und die Hälfte davon darauf verteilen. Zum Schluss mit jeweils 100 g Speckwürfeln toppen. **6** Die belegten Teiglinge auf den Brotschieber ziehen, auf den Backstahl oder -stein in den vorgeheizten Ofen befördern und **8–10 Minuten** backen. **7** Auf die gleiche Weise 2 weitere Flammfladen vorbereiten und backen. **8** Die fertigen Flammfladen mit dem Schnittlauch bestreuen und warm genießen.

TIPP Flammfladen vorbereiten: Die Teigfladen ohne Belag in den Ofen geben, 5 Minuten vorbacken, abkühlen lassen und beiseitestellen. Später den Ofen wieder vorheizen, die vorgebackenen Fladen belegen und ca. 6 Minuten fertig backen. Alternativ zum Schieber die Fladen auf ein mit Backpapier belegtes großes Küchenbrett geben und samt Papier in den Ofen befördern. Wer Bedenken hat, 2 Fladen gleichzeitig im Ofen zu platzieren, backt sie einfach nacheinander.

FLADENBROTE

Das ist eines meiner Lieblingsrezepte. Diese Fladenbrote sind besser als im Dönerladen. Durch die lange Teigreife wird das Brot besonders reißfest und lässt sich super füllen.

ZUBEREITEN ca. 30 Minuten
RUHEN 10–18 Stunden
BACKEN 12–15 Minuten

ERGIBT 4 FLADENBROTE

FÜR DEN POOLISH

260 g kaltes Wasser (idealerweise 5–6 °C)
0,5 g frische Hefe (oder 0,2 g bzw. 1 Prise Trockenhefe)
260 g Weizenmehl Type 00 (alternativ Type 405)

FÜR DEN HAUPTTEIG

260 g Weizenmehl Type 00 (alternativ Type 405) plus etwas mehr zum Bemehlen
5 g frische Hefe (oder 1,5 g Trockenhefe)
60 g kaltes Wasser (idealerweise 5–6 °C)
12 g Salz
15 g natives Olivenöl extra plus etwas mehr zum Einfetten
15 g griechischer Joghurt (10 % Fett)

FÜR DIE EI-JOGHURT-STREICHE

1 Eigelb (Größe M)
30 g griechischer Joghurt (10 % Fett)

FÜR DAS TOPPING

1 TL Schwarzkümmelsamen
1 TL Sesamsaat

TAG 1

1 Am Vortag für den Poolish Wasser, Hefe und Mehl in einen Behälter (oder eine Schüssel) geben und mit einem Kochlöffel vermengen, bis eine Paste entsteht. Luftdicht verschließen und den Poolish bei **Raumtemperatur 8–16 Stunden** reifen lassen.

TAG 2

2 Am nächsten Tag für den Hauptteig Poolish, Mehl, Hefe und 30 g Wasser in die Rührschüssel der Küchenmaschine geben und mit dem Knethaken auf langsamer Stufe **2–3 Minuten** kneten, bis das Mehl das Wasser gebunden hat. Auf mittlere Geschwindigkeit erhöhen und **6–8 Minuten** kneten, dabei das übrige Wasser hinzufügen, dann Salz, Olivenöl und Joghurt einarbeiten. Zum Schluss auf höchste Stufe stellen und noch **1–2 Minuten** kneten, bis der Teig geschmeidig ist. (Alternativ den Teig von Hand 15–20 Minuten kneten.) 3 Auf die Arbeitsfläche stürzen, dehnen und falten, dann zu einer Kugel auf Spannung schleifen. Eine Schüssel leicht einölen, den Teig hineingeben, abdecken und bei **Raumtemperatur 1 Stunde** ruhen lassen. 4 Den Teig auf die bemehlte Arbeitsfläche stürzen, 4 gleich große Stücke (à ca. 220 g) abstechen, dann jeweils rundwirken, wenden und auf Spannung schleifen. Die Teiglinge mit gleichmäßigem Abstand zueinander auf ein mit Backpapier ausgelegtes Backblech legen und abgedeckt bei **Raumtemperatur** noch mal **1 Stunde** ruhen lassen. 5 Den Backofen auf **250 °C** Ober-/Unterhitze vorheizen. 6 Für die Ei-Joghurt-Streiche Eigelb und Joghurt verrühren und die Teiglinge damit bestreichen. Dann mit den Fingerkuppen im Gittermuster Mulden eindrücken, sodass man 14–15 cm große und ca. 3 cm dicke Teigfladen erhält. Mit Schwarzkümmel und Sesam bestreuen, in den vorgeheizten Ofen (mittlere Schiene) schieben und **12–15 Minuten** backen. 7 Herausnehmen, die kleinen Fladen sogleich mit einem Küchentuch abdecken und auskühlen lassen. So werden sie noch weicher.

TÜRKISCHES PIDE

Rezept siehe Seite 54

TÜRKISCHES PIDE

Ob mit Hackfleisch, Ei, Sucuk, Gemüse oder Spinat – alle Varianten sind superlecker. In diesem Rezept zeige ich dir meinen Klassiker.

ZUBEREITEN ca. 45 Minuten
RUHEN 70 Minuten
BACKEN 36–48 Minuten

ERGIBT 4 PIDES

FÜR DEN TEIG

500 g Weizenmehl Type 00 (11–15 % Eiweiß, alternativ Type 550) plus etwas mehr zum Bemehlen
15 g Salz
5 g Zucker
8 g frische Hefe (oder 2,5 g Trockenhefe)
255 g kaltes Wasser (idealerweise 5–6 °C)
50 g griechischer Joghurt (10 % Fett)
20 g natives Olivenöl extra plus etwas mehr zum Einfetten

FÜR DIE FÜLLUNG

3 Lauchstangen
1 Zwiebel
2 Knoblauchzehen
500 g Spinat
15 g Butter
10 g natives Olivenöl extra
Salz
500 g Schafskäse (Feta)
schwarzer Pfeffer aus der Mühle
1 Prise geriebene Muskatnuss

1 Für den Teig Mehl, Salz und Zucker in die Rührschüssel der Küchenmaschine geben und mit einem Kochlöffel vermischen. Die Hefe mit Wasser, Joghurt und Olivenöl in einen Messbecher geben und mit dem Schneebesen unter Rühren auflösen. Die Hälfte der Flüssigkeit zum Mehl geben und mit dem Knethaken bei niedrigster Geschwindigkeit **2–3 Minuten** kneten, bis das Mehl das Wasser gebunden hat. Dann bei mittlerer bis hoher Stufe **ca. 10 Minuten** kneten, dabei nach und nach die restliche Flüssigkeit hinzufügen. Zum Schluss noch **1–2 Minuten** auf schnellster Stufe kneten, bis der Teig geschmeidig ist. (Alternativ von Hand 15–20 Minuten kneten.) 2 Den Teig auf die Arbeitsfläche geben, 4–5-mal dehnen und falten, dann zu einer Kugel auf Spannung schleifen. Eine Schüssel leicht einölen, den Teig hineingeben, mit einem feuchten Küchentuch abdecken und bei **Raumtemperatur 1 Stunde** ruhen lassen. 3 Währenddessen für die Füllung den Lauch putzen, gut waschen und in feine Ringe schneiden. Die Zwiebel schälen und würfeln. Den Knoblauch schälen und hacken. Den Spinat gründlich waschen und trocken schleudern. In einem großen Topf Butter und Olivenöl erhitzen. Lauch, Zwiebel und Knoblauch darin andünsten, dann salzen, den Spinat dazugeben, den Deckel auflegen und zusammenfallen lassen. 4 Den Topfinhalt in ein Sieb geben, ausdrücken und abtropfen lassen. In eine Schüssel geben, den Schafskäse hineinbröseln, gut vermengen und mit Salz, Pfeffer und Muskatnuss abschmecken (Vorsicht, der Käse ist bereits salzig). 5 Den Teig auf die Arbeitsfläche stürzen, 4 gleich große Stücke (à ca. 210 g) abstechen, dann rundwirken, wenden und auf Spannung schleifen. Die Teigkugeln mit einem feuchten Küchentuch abdecken und bei **Raumtemperatur 10 Minuten** entspannen lassen, damit sie sich leicht weiterverarbeiten lassen. 6 Den Ofen auf **250 °C** Ober-/Unterhitze vorheizen. 7 Die Arbeitsfläche leicht bemehlen, 2 Teiglinge daraufsetzen, mit Mehl bestäuben und, wie auf den Step-Fotos zu sehen, mit einem Nudelholz zu ca. 5 mm dünnen, länglichen Ovalen (30–32 cm lang) ausrollen. Die Füllung darauf verteilen, dabei rundherum einen 2–3 cm breiten Rand frei lassen. Nun jeweils die Teigränder von den beiden langen Seiten zur Mitte hin klappen und die Enden zu Spitzen zusammendrücken, sodass „Schiffchen" entstehen. 8 Für die Eistreiche Ei und Milch verquirlen, die Teigränder mit der Hälfte davon bepinseln und mit etwas Sesam sowie Schwarzkümmel bestreuen. 9 Die beiden Fladen mit dem Brotschieber

FÜR EISTREICHE UND TOPPING

1 Ei (Größe M)
1 EL Milch (3,5 % Fett)
1–2 TL Sesamsaat
1–2 TL Schwarzkümmelsamen

AUSSERDEM

Brot- oder Pizzaschieber

auf ein mit Backpapier belegtes Backblech geben, in den vorgeheizten Ofen (mittlere Schiene) schieben und **18–24 Minuten** backen. **10** Herausnehmen und auf die gleiche Weise die anderen beiden Pides vorbereiten und backen. Am besten heiß genießen.

TIPP Du kannst die Spinatmasse auch durch den Hackfleischbelag von meinem Lahmacun-Rezept (siehe S. 82) ersetzen. Sehr gut werden die Pides auch, wenn man sie (am besten einzeln) auf einem vorgeheizten Backstahl bzw. -stein backt, weil die direkte Hitzeabgabe den Teigboden noch knuspriger werden lässt. Alternativ kannst du auch je zwei Pides auf zwei Backbleche geben, beide Bleche in den vorgeheizten Ofen schieben und bei 230 °C Umluft backen.

PITA

Schnell, einfach und lecker – mit Gyros oder vegetarisch belegt und zusammengerollt sind diese Pitas unwiderstehlich gut. Du kannst sie aber genauso als Beilage zum Grillen oder zu anderen Lieblingsgerichten genießen.

ZUBEREITEN ca. 20 Minuten
RUHEN 1 Stunde 15 Minuten
BACKEN 45–60 Minuten

ERGIBT 8 PITAS

480 g kaltes Wasser (idealerweise 5–6 °C)
15 g frische Hefe (oder 5 g Trockenhefe)
780 g Weizenmehl Type 00 (alternativ Type 405) plus etwas mehr zum Bemehlen
25 g Olivenöl plus etwas mehr zum Einfetten
18 g feines Meersalz

PITAS

1 240 g Wasser, Hefe, Mehl und Olivenöl in die Rührschüssel der Küchenmaschine geben und mit dem Knethaken auf langsamer Stufe **2–3 Minuten** kneten, bis das Mehl das Wasser gebunden hat. Dann auf mittlere bis schnelle Geschwindigkeit stellen, das restliche Wasser zugießen, kurz darauf das Meersalz hinzufügen und **5–7 Minuten** kneten. Zum Schluss auf höchste Stufe stellen und noch **1–2 Minuten** kneten, bis der Teig geschmeidig ist. (Alternativ von Hand 12–15 Minuten kneten.) 2 Den Teig auf die Arbeitsfläche stürzen, 4–5-mal dehnen und falten, dann zu einer Kugel auf Spannung schleifen. Eine Schüssel leicht einölen, den Teig hineingeben, mit einem feuchten Küchentuch abdecken und bei **Raumtemperatur 1 Stunde** ruhen lassen. 3 Auf der Arbeitsfläche den Teig in 8 gleich große Stücke (à ca. 160 g) teilen, dann rundwirken, wenden und auf Spannung schleifen. Die Teiglinge mit einem feuchten Küchentuch abdecken und **15 Minuten** entspannen lassen, damit sie sich nachher gut ausrollen lassen. 4 Die Teiglinge mit etwas Mehl bestäuben und mit einem Nudelholz zu ca. 5 mm dünnen und 14–16 cm großen Kreisen ausrollen. Eine beschichtete Pfanne ohne Fett erhitzen und die Fladen nacheinander bei mittlerer bis hoher Hitze von beiden Seiten jeweils **3–4 Minuten** backen. 5 Auf einem Teller stapeln, dabei jeweils direkt mit einem Küchentuch abdecken. Durch den Dampf bleiben die Pitas weich und sind perfekt zum Rollen.

PFANNEN-GYROS UND ZAZIKI

ZUBEREITEN 20 Minuten (Gyros) plus 10–15 Minuten (Zaziki)
RUHEN mind. 1 Stunde

ERGIBT 8 PITA-PORTIONEN

FÜR DAS GYROS

4 Knoblauchzehen
5 EL Olivenöl
je 1 TL edelsüßes Paprikapulver, getrockneter Oregano, getrockneter Thymian und gemahlener Kreuzkümmel
1 TL Salz
½ TL schwarzer Pfeffer aus der Mühle
Saft von 1 Zitrone
600 g Schweine- oder Hähnchenfleisch (z. B. Nacken, Schulter oder Kotelett bzw. Hähnchenbrust und -keulenfleisch)
2 EL gehackte Petersilie (nach Belieben)

FÜR DAS ZAZIKI

1 Salatgurke, Salz
3–4 Knoblauchzehen
500 g griechischer Joghurt (10 % Fett)
Saft von ½ Zitrone
schwarzer Pfeffer aus der Mühle
1–2 EL frisch gehackter Dill (nach Belieben)

PFANNEN-GYROS UND ZAZIKI

1 Für das Pfannen-Gyros den Knoblauch schälen, fein hacken, mit Olivenöl, allen Gewürzen und Zitronensaft in eine Schüssel geben und gut verrühren. Das Fleisch in dünne Streifen schneiden, zur Marinade geben, gut vermengen, abdecken und mindestens **1 Stunde** (oder über Nacht) im **Kühlschrank** marinieren. 2 Eine große Pfanne stark erhitzen und das marinierte Fleisch darin unter gelegentlichem Wenden scharf braten, bis es schön gebräunt und knusprig ist. Zum Schluss nach Belieben die Petersilie einrühren. 3 Während der Marinierzeit für das Zaziki die Salatgurke waschen, ungeschält in eine Schüssel raspeln, salzen und **30 Minuten** stehen lassen. Die Raspel in ein Küchentuch geben, einschlagen, fest auspressen und wieder in die Schüssel geben. Den Knoblauch schälen, fein hacken, mit Joghurt, Zitronensaft, etwas Salz, schwarzem Pfeffer und nach Belieben Dill vermengen und abschmecken. Abdecken und mindestens **30 Minuten** im **Kühlschrank** ziehen lassen. 4 Zum Servieren das Gyros auf den Pitas verteilen, das Zaziki darübergeben, einrollen und genießen.

TIPP Nach Belieben zusätzlich mit Tomaten- und Gurkenscheiben sowie Salatblättern garnieren.

TIPP Am besten gleich zwei Pfannen verwenden, das spart viel Zeit. Du kannst die Teigfladen auch auf dem Elektro-, Gas- oder Holzkohlegrill backen, was sich vor allem bei einem Grillabend anbietet. Das Grillen gibt den Pitas noch eine besonders aromatische Note.

PAGNOTTA – ITALIENISCHES LANDBROT

Krachende Kruste und weiche Krume– dieses italienische Landbrot aus Semola und Weizenmehl ist richtig lecker.

ZUBEREITEN ca. 25 Minuten
RUHEN 8–16 Stunden
BACKEN 50 Minuten

ERGIBT 1 BROT

300 g Weizenmehl Type 00 (11–15 % Eiweiß, alternativ Type 550)
300 g Semola rimacinata (Hartweizenmehl)
15 g Salz
5 g frische Hefe (oder 1,5 g Trockenhefe)
390 g kaltes Wasser (idealerweise 5–6 °C)
Roggen- oder Reismehl zum Bemehlen

AUSSERDEM

rundes Gärkörbchen
gusseiserner Topf mit Deckel (alternativ Edelstahltopf mit ofenfestem Deckel)

TAG 1

1 Am Vortag Mehl, Semola und Salz in die Rührschüssel der Küchenmaschine geben und mit einem Kochlöffel vermischen. Die Hefe im Wasser auflösen, hinzufügen und auf kleinster Stufe mit dem Knethaken **2–3 Minuten** kneten, bis das Mehl das Wasser gebunden hat. Dann auf mittlere Geschwindigkeit erhöhen und weitere **8–10 Minuten** kneten. Zum Schluss auf höchste Stufe stellen und noch **1–2 Minuten** kneten, bis der Teig geschmeidig ist. (Alternativ von Hand 15–20 Minuten kneten.) 2 Den Teig auf die Arbeitsfläche geben, 4–5-mal dehnen und falten, dann zu einer Kugel auf Spannung schleifen. Das Gärkörbchen mit Roggen- oder Reismehl bestäuben und die Teigkugel mit der Naht nach oben hineinlegen. Mit Frischhaltefolie abdecken und auch das Gärkörbchen umwickeln, damit sich keine Kruste bildet. Den Teig in den **Kühlschrank** stellen und **8–16 Stunden** reifen lassen.

TAG 2

3 Den Backofen auf **250 °C** Ober-/Unterhitze vorheizen, dabei den gusseisernen Topf mit Deckel im unteren Drittel des Ofens auf dem Rost platzieren und mit vorheizen. 4 Die Frischhaltefolie vom Gärkörbchen entfernen, einen Bogen Backpapier und ein Küchenschneidebrett darauflegen, alles mit beiden Händen wenden und das Gärkörbchen abnehmen. So lässt sich der Teig am besten aus dem Gärkörbchen lösen. 5 Etwas überschüssiges Backpapier abschneiden. Den heißen gusseisernen Topf mit Ofenhandschuhen aus dem Ofen nehmen, den Teigling mithilfe des Backpapiers hineingeben und nach Belieben einschneiden. Den Deckel wieder aufsetzen, den Topf in den vorgeheizten Ofen schieben und **50 Minuten** backen, dabei nach **30 Minuten** den Deckel entfernen und die Temperatur auf **220 °C** reduzieren. 6 Das Brot aus dem Ofen nehmen, mithilfe des Backpapiers aus dem Topf heben, auf ein Küchengitter legen und vor dem Anschneiden mindestens **1 Stunde** auskühlen lassen.

BAO-BUNS

Bao-Buns sind gedämpfte chinesische Brötchen, die mittlerweile auch bei uns sehr beliebt sind. Gefüllt mit Fleisch oder Gemüse sind sie ein ganz besonderer Leckerbissen.

ZUBEREITEN ca. 40 Minuten
RUHEN 90 Minuten
DÄMPFZEIT 14 Minuten

ERGIBT 14 BAO-BUNS

500 g Weizenmehl Type 00 (11–15 % Eiweiß, alternativ Type 550) plus etwas mehr zum Bemehlen
12 g Salz
25 g Zucker
12 g frische Hefe (oder 4 g Trockenhefe)
315 g Milch (Raumtemperatur, 3,5 % Fett)
Sonnenblumenöl zum Einfetten und Bestreichen

1 Für den Teig Mehl, Salz und Zucker in die Rührschüssel der Küchenmaschine geben und mit einem Kochlöffel vermischen. Die Hefe in der Milch auflösen, hinzugeben und mit dem Knethaken auf kleinster Stufe **3 Minuten** kneten, bis das Mehl die Milch gebunden hat. Die Geschwindigkeit auf mittlere Stufe erhöhen und weitere **8–10 Minuten** kneten. Zum Schluss auf höchster Stufe noch **1–2 Minuten** kneten, bis der Teig geschmeidig ist. (Alternativ von Hand 15–20 Minuten kneten.) **2** Den Teig auf die Arbeitsfläche stürzen, 4–5-mal dehnen und falten, dann zu einer Kugel auf Spannung schleifen. Eine Schüssel leicht einölen, die Teigkugel hineingeben, mit einem feuchten Küchentuch abdecken und bei **Raumtemperatur 1 Stunde** ruhen lassen. **3** Inzwischen aus Backpapier 14 Quadrate von ca. 12 cm Kantenlänge zuschneiden. **4** Den Teig durch leichtes Drücken entgasenund auf die leicht bemehlte Arbeitsfläche stürzen. 14 gleich große Stücke (à ca. 60 g) abstechen, dann rundwirken, wenden und auf Spannung schleifen. Die Teiglinge leicht mit Mehl bestäuben und mit dem Nudelholz zu ca. 5 mm dünnen und 8–11 cm großen Fladen ausrollen. **5** Die Teigfladen mit etwas Sonnenblumenöl bestreichen, locker in der Mitte zusammenklappen und auf die Backpapierquadrate legen. Mit einem feuchten Küchentuch abdecken und **30 Minuten** ruhen lassen. **6** Etwas Wasser in einen großen Topf geben, einen großen Dämpfeinsatz hineinsetzen, den Deckel auflegen und das Wasser zum Kochen bringen. Dann leicht simmern lassen, die Teiglinge (das Backpapier sollte sie seitlich umhüllen) in den Dämpfeinsatz legen, sofort den Deckel auflegen und **10 Minuten** dämpfen, dabei den Topfdeckel nicht anheben. **7** Den Topf vom Herd nehmen und noch **4 Minuten** nachdämpfen lassen. **8** Den Dämpfeinsatz herausnehmen und die Bao-Buns abkühlen lassen. Dann leicht aufklappen und nach Wunsch mit Köstlichkeiten gefüllt servieren.

TIPP Was die Füllung betrifft, so kannst du kreativ werden. Sehr lecker schmecken in Stücke geschnittener, gegrillter Schweinebauch oder Chicken-Teriyaki. Oder fülle die Bao-Buns vegetarisch mit Kimchi oder Karottensalat mit Frühlingszwiebeln.

SOMUN EKMEK

Dieses türkische Weißbrot hat eine besonders knusprige Kruste und eine schöne, gleichmäßige Porung.

ZUBEREITEN ca. 25 Minuten
RUHEN 10–18 Stunden
BACKEN 18–25 Minuten

ERGIBT 3 BROTE

FÜR DEN POOLISH

210 g kaltes Wasser (idealerweise 5–6 °C)
0,5 g frische Hefe (oder 0,2 g bzw. 1 Prise Trockenhefe)
210 g Weizenmehl Type 00 (alternativ Type 550)

FÜR DEN HAUPTTEIG

175 g kaltes Wasser (idealerweise 5–6 °C)
8 g frische Hefe (oder 2,5 g Trockenhefe)
385 g Weizenmehl Type 00 (alternativ Type 550)
5 g Zucker
15 g Salz
20 g natives Olivenöl extra plus etwas mehr zum Einfetten

TAG 1

1 Am Vortag für den Poolish Wasser, Hefe und Mehl in einen Behälter (oder eine Schüssel) geben und mit einem Kochlöffel vermengen, bis eine Paste entsteht. Luftdicht verschließen und den Poolish bei **Raumtemperatur 8–16 Stunden** reifen lassen.

TAG 2

2 Am nächsten Tag für den Hauptteig den Poolish mit Wasser, Hefe, Mehl, Zucker und Salz in die Rührschüssel der Küchenmaschine geben und mit dem Knethaken auf langsamer Stufe **2–3 Minuten** kneten, bis das Mehl das Wasser gebunden hat. Auf mittlere Geschwindigkeit erhöhen, das Olivenöl hinzugegeben und **6–8 Minuten** kneten. Zum Schluss auf höchster Stufe noch **1–2 Minuten** kneten, bis der Teig geschmeidig ist. (Alternativ von Hand 15–20 Minuten kneten.) 3 Den Teig auf die Arbeitsfläche stürzen, 4–5-mal dehnen und falten, dann zu einer Kugel auf Spannung schleifen. Eine Schüssel leicht einölen, den Teig hineingeben, mit einem feuchten Küchentuch abdecken und bei **Raumtemperatur 1 Stunde** ruhen lassen. 4 Den Teig wieder auf die Arbeitsfläche stürzen und in 3 gleich große Stücke (à ca. 340 g) teilen. Dann rundwirken, wenden, auf Spannung schleifen und mit den Fingerkuppen leicht flach drücken. 5 Die hintere Teigkante mit beiden Händen fassen, etwas herausziehen, dann nach innen zur Mitte schlagen und leicht andrücken. Dann den vorderen Teil auf die gleiche Weise zur Mitte hin falten und ebenfalls leicht andrücken, sodass ovale Teiglinge entstehen. Nun mit etwas Spannung die Teignaht durch kurzes Rollen gut verschließen, dann die Teiglinge mit leicht rollenden Bewegungen länglich mit leicht spitzen Enden ausrollen, dabei sollte die Naht immer unten bleiben und in der Mitte ein Teigbauch entstehen. Die Naht noch mal mit den Fingerspitzen zusammendrücken, um sie zu verschließen. Die Teiglinge auf ein mit Backpapier ausgelegtes Backblech legen (Naht unten), mit einem feuchten Küchentuch abdecken und **1 Stunde** ruhen lassen. 6 Den Backofen auf **250 °C** Ober-/Unterhitze vorheizen. 7 Die Teiglinge mit einem scharfen Messer einschneiden, in den vorgeheizten Ofen (mittlere Schiene) geben und mit viel Dampf **18–25 Minuten** backen. 8 Aus dem Ofen nehmen, auf einem Küchengitter auskühlen lassen und genießen.

INDISCHES NAAN

Die Bezeichnung Naan stammt ursprünglich aus dem Persischen und bedeutet „Brot“. Dieses weiche, fluffige Fladenbrot passt super zu indischen Gerichten wie zum Beispiel Butter Chicken.

ZUBEREITEN 35 Minuten
RUHEN 9–17 Stunden 15 Minuten
BACKEN ca. 45 Minuten

ERGIBT 6 NAAN-BROTE

FÜR DEN POOLISH
- 200 g kaltes Wasser (idealerweise 5–6 °C)
- 0,5 g frische Hefe (oder 0,2 g bzw. 1 Prise Trockenhefe)
- 200 g Weizenmehl Type 00 (alternativ Type 405)

FÜR DEN HAUPTTEIG
- 175 g kaltes Wasser (idealerweise 5–6 °C)
- 10 g frische Hefe (oder 3,5 g Trockenhefe)
- 400 g Weizenmehl Type 00 (alternativ Type 405) plus etwas mehr zum Bemehlen
- 15 g Salz
- 10 g griechischer Joghurt (10 % Fett)
- 20 g natives Olivenöl extra plus etwas mehr zum Einfetten

FÜR DIE KNOBLAUCH-KRÄUTER-BUTTER
- 100 g Butter
- ½ Bund glatte Petersilie oder Koriander
- 2 Knoblauchzehen

TAG 1

1 Am Vortag für den Poolish Wasser, Hefe und Mehl in einen Behälter (oder eine Schüssel) geben und mit einem Kochlöffel vermengen, bis eine Paste entsteht. Luftdicht verschließen und den Poolish bei **Raumtemperatur 8–16 Stunden** reifen lassen.

TAG 2

2 Am nächsten Tag für den Hauptteig das Wasser in einen Messbecher geben und die Hefe darin auflösen. Poolish, Mehl, Salz und Joghurt in die Rührschüssel der Küchenmaschine geben, ca. 90 g Hefewasser hinzufügen und mit dem Knethaken bei langsamer Geschwindigkeit **2–3 Minuten** kneten, bis das Mehl das Wasser gebunden hat. Auf mittlere Stufe stellen, restliches Hefewasser und Olivenöl hinzufügen und **6–8 Minuten** kneten. Zum Schluss auf höchster Stufe noch **1–2 Minuten** kneten, bis der Teig geschmeidig ist. (Alternativ von Hand 15–20 Minuten kneten.) 3 Den Teig auf die Arbeitsfläche geben, 4–5-mal dehnen und falten, dann zu einer Kugel auf Spannung schleifen. Eine Schüssel leicht einölen, den Teig hineinlegen, mit einem feuchten Küchentuch abdecken und bei **Raumtemperatur 1 Stunde** ruhen lassen. 4 In der Zwischenzeit für die Knoblauch-Kräuter-Butter die Butter in eine Schüssel geben. Petersilie (oder Koriander) abspülen, trocken schütteln, fein hacken und zur Butter geben. Den Knoblauch schälen und fein hacken, hinzufügen und alles mit einer Gabel gut vermengen. 5 Den Teig durch leichtes Drücken entgasen, auf die Arbeitsfläche stürzen, mit einer Teigkarte 6 gleich große Stücke (à ca. 170 g) abstechen, dann rundwirken, wenden und auf Spannung schleifen. Auf der Arbeitsfläche abdecken und **15 Minuten** entspannen lassen, damit sie sich nachher leichter weiterverarbeiten lassen. 6 Die Arbeitsfläche bemehlen, die Teiglinge daraufsetzen, ebenfalls mit Mehl bestäuben und mit einem Nudelholz zu ca. 5 mm dicken und ca. 15 cm großen Fladen ausrollen. 7 Eine beschichtete Pfanne ohne Fett erhitzen und die Fladen nacheinander bei mittlerer bis hoher Hitze von jeder Seite jeweils **3–4 Minuten** backen. Direkt nach dem Backen noch sehr heiß mit der Knoblauch-Kräuter-Butter bestreichen. Warm oder abgekühlt genießen.

TIPP Wenn du zwei Pfannen hast, kannst du beide zum Backen nehmen, das spart Zeit. Und natürlich kannst du die Teigfladen auch auf dem Elektro-, Gas- oder Holzkohlegrill backen. Das gibt ihnen eine besondere aromatische Note.

WRAPS

Selbst gemachte Wraps sind einfach und schnell hergestellt. Dieser Teig benötigt nicht einmal Hefe. Und beim Belegen und Füllen kannst du dich dann richtig austoben.

ZUBEREITEN ca. 20 Minuten
RUHEN 30 Minuten
BACKEN 35–45 Minuten

ERGIBT 6 WRAPS

400 g Weizenmehl Type 00 (alternativ Type 405) plus etwas mehr zum Bemehlen
10 g Salz
215 g handwarmes Wasser
65 g Sonnenblumenöl

1 Mehl und Salz in die Rührschüssel der Küchenmaschine geben und mit einem Kochlöffel vermengen. 110 g handwarmes Wasser hinzugeben und mit dem Knethaken bei langsamer Geschwindigkeit **2–3 Minuten** kneten, bis das Wasser absorbiert ist. Auf mittlere Stufe stellen, restliches handwarmes Wasser und Sonnenblumenöl dazugeben und **5–7 Minuten** kneten. Zum Schluss auf höchster Stufe noch **1–2 Minuten** kneten, bis der Teig geschmeidig ist. (Alternativ 12–15 Minuten von Hand kneten.) **2** Den Teig auf der Arbeitsfläche in 6 Stücke (à ca. 110 g) teilen, dann zu Kugeln auf Spannung schleifen. Die Teigkugeln mit einem feuchten Küchentuch abdecken und **30 Minuten** ruhen lassen, damit sich das Glutengerüst entspannt und sich die Kugeln später besser ausrollen lassen. **3** Die Arbeitsfläche leicht mit Mehl bestäuben, die Teiglinge daraufsetzen, ebenfalls bemehlen und mit einem Nudelholz zu ca. 3 mm dünnen und 14–16 cm großen Fladen ausrollen. **4** Eine beschichtete Pfanne ohne Fett erhitzen und die Fladen nacheinander bei mittlerer bis hoher Hitze von beiden Seiten jeweils **3–4 Minuten** backen. **5** Auf einem Teller stapeln, dabei immer mit einem Küchentuch abdecken, damit die Wraps schön weich werden.

TIPP Hast du zwei Pfannen da? Dann am besten gleich beide verwenden, das spart eine Menge Zeit. Oder hast du den Elektro-, Gas- oder Holzkohlegrill für einen Grillabend vorgeheizt? Dann backe die Teigfladen auf dem Grill. Dadurch bekommen sie ein ganz besonderes Aroma.

CIABATTINI MIT PEPERONI

Die lange Teigführung macht diese Mini-Ciabattas zu einem perfekten Gebäck, dabei gibt die leicht pikante Peperoniwürze dem Brot eine tolle Note.

ZUBEREITEN 25 Minuten
RUHEN 15–25 Stunden 45 Minuten
BACKEN 18–25 Minuten

ERGIBT 6 CIABATTINI

600 g Weizenmehl Type 00 (11–15 % Eiweiß)
5 g frische Hefe (oder 1,5 g Trockenhefe)
420 g kaltes Wasser (idealerweise 5–6 °C)
18 g feines Meersalz
18 g natives Olivenöl extra plus etwas mehr zum Einfetten
70 g eingelegte Peperoni aus dem Glas
Semola rimacinata (Hartweizenmehl, alternativ Weizenmehl Type 00)

TAG 1

1 Am Vortag das Mehl in die Rührschüssel der Küchenmaschine geben. Die Hefe im Wasser auflösen, zum Mehl geben und mit dem Knethaken bei langsamer Geschwindigkeit **2–3 Minuten** kneten, bis das Mehl das Hefewasser gebunden hat. Die Maschine ausschalten, die Schüssel mit einem feuchten Küchentuch abdecken und den Teig **15 Minuten** ruhen lassen. 2 Die Maschine auf mittlere Stufe stellen und **8–10 Minuten** weiterkneten, bis der Teig geschmeidig ist, dabei erst das Meersalz, dann das Olivenöl hinzugeben. Inzwischen die Peperoni abtropfen lassen und in Ringe schneiden. **2 Minuten** vor Knetende die Peperoniringe hinzugeben und einarbeiten. (Alternativ von Hand 15–20 Minuten kneten.) 3 Einen Behälter (oder eine Schüssel) leicht einölen, den Teig hineingeben und mit der Coil-fold-Methode falten. Abdecken und den Vorgang nach **30 Minuten** wiederholen. Dann den Behälter luftdicht verschließen und den Teig im **Kühlschrank 14–24 Stunden** reifen lassen.

TAG 2

4 Am nächsten Tag den Teig aus der Schüssel auf die mit Semola bemehlte Arbeitsfläche gleiten lassen, mit Semola bestäuben und vorsichtig 6 gleich große Stücke (à 185 g) abstechen. Die ungeformten Teiglinge auf ein mit Backpapier ausgelegtes Backblech geben, mit einem feuchten Küchentuch abdecken und bei **1 Stunde** ruhen lassen. 5 Den Backofen auf **250 °C** Ober-/Unterhitze vorheizen. 6 Das Blech in den vorgeheizten Ofen (mittlere Schiene) schieben und mit viel Dampf **18–25 Minuten** backen. 7 Herausnehmen und die Ciabattini auf einem Küchengitter abkühlen lassen.

TIPP Noch perfekter werden die Ciabattini, wenn man sie auf einem Backstahl oder -stein, der mit vorgeheizt wurde, backt. Dadurch bräunen die Unterseiten besser.

PIZZA MARGHERITA MIT 48-STUNDEN-PIZZATEIG

Pizza wie aus Napoli mit einem luftig-knusprigen Rand? Mit diesem Rezept gelingt nicht nur Pizza Margherita garantiert.

48-STUNDEN-PIZZATEIG

ZUBEREITEN 35 Minuten
RUHEN 48 Stunden

ERGIBT 3 PIZZATEIGKUGELN (À CA. 280 G)

FÜR DEN AUTOLYSETEIG
290 g kaltes Wasser (idealerweise 5–6 °C)
500 g Weizenmehl Type 00 (11–15 % Proteingehalt)

FÜR DEN HAUPTTEIG
1,5 g frische Hefe (oder 0,5 g Trockenhefe)
30 g kaltes Wasser (idealerweise 5–6 °C)
15 g feines Meersalz

AUSSERDEM
Pizzaballenbox bzw. Teigwanne (alternativ große eingeölte Frischhaltebox)

TAG 1

1 Für den Autolyseteig Wasser und Mehl in die Rührschüssel der Küchenmaschine geben und mit einem Kochlöffel zu einer groben Masse vermengen, bis die Flüssigkeit absorbiert ist. Die Schüssel mit einem Küchentuch abdecken und die Mehlmischung bei **Raumtemperatur 30 Minuten** ruhen lassen. (Während dieser Zeit quillt das Mehl auf, es bilden sich die ersten Klebereiweißketten.) 2 Für den Hauptteig die Hefe im Wasser auflösen, zum Autolyseteig gießen und mit dem Knethaken bei langsamer Geschwindigkeit **2–3 Minuten** kneten. Dann auf mittlere Stufe stellen und **5 Minuten** kneten, dabei das Salz hinzugeben. Auf hohe Stufen schalten und **5–10 Minuten** weiterkneten, bis der Teig schön geschmeidig ist. (Alternativ von Hand 15–17 Minuten kneten.) 3 Den Teig auf die Arbeitsfläche geben, 4–5-mal dehnen und falten, dann zu einer schönen Kugel auf Spannung schleifen. In die Pizzaballenbox legen, verschließen und **24 Stunden** (oder 20–26 Stunden) im **Kühlschrank** reifen lassen.

TAG 2

4 Den Teig auf die Arbeitsfläche stürzen und in 3 gleich große Stücke (à ca. 280 g) teilen, dann rundwirken, wenden und zu schönen Teigkugeln auf Spannung schleifen. Mit etwas Abstand in die Box legen, verschließen und noch mal **ca. 20 Stunden** (oder 18–24 Stunden) im **Kühlschrank** reifen lassen.

TAG 3

5 Die Box **4 Stunden** vor dem Pizzabacken aus dem **Kühlschrank** nehmen, damit die Teiglinge Temperatur annehmen und weitere wichtige Gärgase entwickeln. Sie sind dann perfekt gereift und fertig zum Weiterverarbeiten.

Fortsetzung Folgeseite

BACKOFENTIPP Falls du deine Pizza später im Backofen backen möchtest, solltest du in den Hauptteig nur 20 g Wasser, aber dafür noch 10 g Olivenöl einarbeiten.

TIPP Es ist wichtig, die Teiglinge rundzuwirken und zu schleifen, damit sie Spannung bekommen, denn nur so hält man die Gärgase während der Stückgare im Teigling, sodass sie nicht zerlaufen. Wichtig ist auch, dass der Teig abgedeckt reift, da sich sonst eine trockene Kruste bilden würde. Falls du keine Pizzaballenbox hast, solltest du die Frischhaltebox einölen, da diese meist deutlich kleiner ist und der Teig sonst an den Seitenwänden kleben würde. Du kannst auch eine Auflaufform verwenden und gut abdecken. Wenn sie groß genug ist, muss sie nicht eingeölt werden.

Fortsetzung

PIZZA MARGHERITA MIT TOMATENSAUCE

TOMATENSAUCE

ZUBEREITEN 5 Minuten

ERGIBT 5 PORTIONEN (À CA. 80 G)

- 400 g San-Marzano-Tomaten aus der Dose (alternativ hochwertige Pelati aus der Dose)
- 5 g hochwertiges Olivenöl
- 5 g feines Meersalz
- 1 Handvoll Basilikumblätter

1 Dosentomaten, Olivenöl, Salz und Basilikum in eine Schüssel geben und mit den Händen zerquetschen, bis eine sämige Sauce entsteht. Fertig! Keinen Stabmixer verwenden, denn der zerstört die Tomatenkerne und erzeugt Bitterstoffe. Außerdem wird die Farbe nicht so schön leuchtend rot. Die Sauce ist im Kühlschrank 2–3 Tage haltbar.

TIPP Sollte die Tomatensauce zu wässrig sein, zwei Lagen Küchenpapier auf die Oberfläche legen. Es saugt überschüssiges Wasser auf.

PIZZA MARGHERITA

ZUBEREITEN 10–15 Minuten
BACKEN 90–120 Sekunden

FÜR 1 PIZZA (30–33 CM Ø)

- 5 g Parmesan
- 80 g Fior-di-latte-Mozzarella (alternativ schnittfester Mozzarella)
- reichlich Semola rimacinata (Hartweizenmehl) zum Teigformen (ersatzweise Weizenmehl Type 00)
- 1 Pizzateigling (ca. 280 g, siehe S. 71)
- 80 g Tomatensauce (siehe oben)
- 2–3 Basilikumblätter plus etwas mehr zum Garnieren
- 5 g hochwertiges Olivenöl

AUSSERDEM

- Pizzaofen (alternativ im Backofen backen, siehe rechts)
- Pizza- oder Brotschieber und evtl. Turning Peel

1 Für die erste Pizza den Pizzaofen **20–60 Minuten** vorheizen, bis dieser eine Steintemperatur von **410–430 °C** erreicht hat. **2** Den Parmesan fein reiben. Den Mozzarella in 8 × 8 × 40 mm große Stifte schneiden. **3** Dann, wie auf den Step-Fotos zu sehen, ein Semolabett auf die Arbeitsfläche häufen, den Teigling darauflegen und mit den Händen rund formen. Mit ca. 2 cm Abstand zum Rand beginnend die Fingerkuppen ansetzen und die Luft von unten nach oben vorgehend in den Rand drücken. Dabei kann man die Dicke des Randes selbst bestimmen. Den Teigfladen wenden und den Vorgang wiederholen. Wenn die innere Teigfläche etwa Handgröße erreicht hat, wird er in der Luft ausgezogen: Dafür den Pizzaboden auf einen Handrücken legen, im gleichen Zug mit der anderen Hand das Semola auf der Arbeitsfläche schnell zur Seite schieben, dann mithilfe beider Handrücken den Teig mit Gefühl rotierend zu einem 26–28 cm großen Kreis ausziehen (Daumen oben, aber nicht ausgestreckt, Handrücken etwa senkrecht). Den Pizzaboden wieder auf die Arbeitsfläche legen. **4** Die Tomatensauce auf dem Teigboden verteilen. Mit Basilikum belegen und dünn mit Parmesan bestreuen. Den Mozzarella gleichmäßig darüber verteilen und mit Olivenöl abrunden. **5** Den belegten Pizzaboden auf den leicht mit Semola bestäubten Pizzaschieber ziehen, mit den Fingern unter die Pizza greifen und diese durch Dehnen zu einem 30–33 cm großen Kreis ausziehen. **6** Mithilfe des Pizzaschiebers die belegte Pizza unter leicht ruckenden Bewegungen in den Ofen rutschen lassen und **90–120 Sekunden** backen, dabei zwischendurch mit dem Turning Peel drehen, damit die Pizza gleichmäßig backt. **7** Die fertige Pizza aus dem Ofen nehmen, mit Basilikum garnieren und am besten wie auf traditionell italienische Art mit einer Schere in Stücke schneiden.

BACKEN 2 Minuten vorbacken und 3–4 Minuten fertig backen

TIPP Bei der Margherita ist die Qualität der Zutaten besonders wichtig, also nur hochwertigste Tomaten und am besten Fior-di-latte-Mozzarella verwenden! Falls du keinen Turning Peel hast: mit dem Pizzaschieber die Pizza etwas aus dem Ofen ziehen, mit der Hand drehen und wieder in den Ofen geben.

PIZZA IM BACKOFEN BACKEN

1 Den Backofen mit Backstahl oder -stein im oberen Drittel **20–30 Minuten** auf mindestens **250 °C** (oder wenn möglich mehr) Ober-/Unterhitze vorheizen (alternativ ein umgedrehtes Backblech mit in den Backofen geben), falls vorhanden, die Grillfunktion hinzuschalten. Ein Backstahl erreicht dabei meist eine Temperatur von **260–310 °C** (je nach Backofen). 2 Den Teigling wie links beschrieben zu einem Pizzaboden formen, mit Sauce bestreichen, auf den mit Semola bestäubten Pizzaschieber (alternativ großes Küchenschneidebrett) ziehen, mit den Fingern unter die Pizza greifen und diese durch Dehnen zu einem 30–33 cm großen Kreis ausziehen. 3 Mithilfe des Schiebers den Pizzaboden in den vorgeheizten Ofen befördern und die Pizza **2 Minuten** vorbacken. Nun sollte der Rand der Pizza schön hochgegangen sein. Die vorgebackene Pizza mit dem Schieber aus dem Ofen nehmen und auf ein Küchengitter geben, damit das Kondenswasser nicht den Boden aufweicht. 4 Den Pizzarand mit etwas Olivenöl einpinseln, noch 30–40 g extra Tomatensauce auf dem Boden verteilen, dann belegen. Mit dem Schieber zurück in den Ofen geben und noch **3–4 Minuten** backen, bis die gewünschte Bräunung erreicht ist. Währenddessen die Pizza bei Bedarf zwischendurch einmal drehen, damit sie gleichmäßig backt, und dabei auch den Backgrad des Bodens kontrollieren.

FLABATTA

Fladenbrot und Ciabatta – das Beste aus zwei Welten vereint sich hier zu einer ganz besonderen Köstlichkeit.

ZUBEREITEN ca. 25 Minuten
RUHEN 10,5–24,5 Stunden
BACKEN 12–18 Minuten

ERGIBT 4 FLABATTAS

FÜR DEN TEIG

390 g kaltes Wasser (idealerweise 5–6 °C)
4 g frische Hefe (oder 1,5 g Trockenhefe)
550 g Weizenmehl Type 00 (11–15 % Eiweiß)
15 g feines Meersalz
15 g natives Olivenöl extra plus etwas mehr zum Einfetten
Semola rimacinata (Hartweizenmehl, alternativ Weizenmehl Type 00)

FÜR DAS TOPPING

1 TL Sesamsaat
½ TL Schwarzkümmelsamen

TAG 1

1 Am Vortag für den Teig 200 g Wasser, Hefe und Mehl in die Rührschüssel der Küchenmaschine geben und mit dem Knethaken bei langsamer Geschwindigkeit **2–3 Minuten** kneten. Dabei das restliche Wasser dazugeben, bis es vom Mehl absorbiert wurde. Auf mittlere Stufe stellen und **6–8 Minuten** kneten, dabei erst das Meersalz hinzugeben, dann das Olivenöl einarbeiten. Zum Schluss noch **2–3 Minuten** auf schnellster Stufe kneten, bis der Teig geschmeidig ist. (Alternativ von Hand 15–20 Minuten kneten.) 2 Einen Behälter (oder eine Schüssel) leicht einölen, den Teig hineingeben und mit leicht feuchten Händen mit der Coil-fold-Methode falten. Verschließen und den Vorgang nach **30 Minuten** wiederholen. (Das stärkt das Glutengerüst und es wird Luft eingearbeitet.) Luftdicht verschließen und den Teig **10–24 Stunden** im **Kühlschrank** reifen lassen.

TAG 2

3 Am nächsten Tag den Backofen auf **250 °C** Ober-/Unterhitze vorheizen. 4 Die Arbeitsfläche mit reichlich Semola bestäuben, den Teig daraufstürzen und mit den Fingerkuppen etwas massieren bzw. Mulden hineindrücken. Dann mit einer Teigkarte in 4 gleich große Stücke (à ca. 240 g) teilen und ungeformt auf ein mit Backpapier ausgelegtes Backblech legen, dabei falls nötig überschüssige Semola vorsichtig abklopfen. Die Teigstücke nach Belieben mit der Teigkarte eckig-rustikal ausrichten, mit etwas Wasser bepinseln und mit Sesam sowie Schwarzkümmel bestreuen. 5 Das Backblech in den vorgeheizten Ofen (mittlere Schiene) schieben und die Brote **12–18 Minuten** backen oder bis die gewünschte Bräunung erreicht ist. 6 Aus dem Ofen nehmen, auf einem Küchengitter auskühlen lassen und genießen.

ENGLISCHE MUFFINS

Sie werden in einer heißen Pfanne gebacken und haben einen milden und nur leicht süßlichen Geschmack. Englische Muffins sind ideal zum Frühstück oder werden gern am Nachmittag mit Butter und Konfitüre oder, noch authentischer, mit Clotted Cream serviert.

ZUBEREITEN ca. 25 Minuten
RUHEN 90 Minuten
BACKEN Pfanne 12–30 Minuten, Ofen ca. 7 Minuten

ERGIBT 8 MUFFINS

360 g Weizenmehl Type 00 (11–15 % Eiweiß, alternativ Type 550)
8 g Salz
20 g Zucker
10 g frische Hefe (oder 3,5 g Trockenhefe)
255 g handwarme Milch (3,5 % Fett)
1 Ei (Größe S)
25 g weiche Butter
natives Olivenöl extra oder Pflanzenöl zum Einfetten
Maismehl zum Bestäuben

AUSSERDEM

Pizzaballenbox (alternativ mit Backpapier ausgelegtes Backblech)

1 Mehl, Salz und Zucker in die Rührschüssel der Küchenmaschine geben und mit einem Kochlöffel vermischen. Die Hefe in der handwarmen Milch auflösen, dann die Hälfte davon zusammen mit dem Ei in die Rührschüssel geben und auf der kleinsten Stufe mit dem Knethaken **2–3 Minuten** kneten, bis das Mehl die Flüssigkeit absorbiert hat. Auf mittlere Geschwindigkeit erhöhen und noch **ca. 8 Minuten** kneten, dabei nach und nach die restliche Hefemilch einarbeiten und die weiche Butter hinzufügen. Zum Schluss auf höchste Stufe stellen und noch **1–2 Minuten** kneten, bis der Teig geschmeidig ist. (Alternativ von Hand 15–20 Minuten kneten.) 2 Den Teig auf die Arbeitsfläche stürzen, 4–5-mal dehnen und falten, dann zu einer Kugel auf Spannung schleifen. Eine Schüssel leicht einölen, den Teig hineingeben, mit einem feuchten Küchentuch abdecken und bei **Raumtemperatur 1 Stunde** ruhen lassen. 3 Den Teig auf die Arbeitsfläche stürzen, 8 gleich große Stücke (à ca. 90 g) abstechen, dann rundwirken, wenden und zu Kugeln auf Spannung schleifen. Die Teiglinge in die mit Maismehl bestreute Pizzaballenbox legen, abdecken und bei **Raumtemperatur 30 Minuten** ruhen lassen. 4 Die Arbeitsfläche mit Maismehl bemehlen, die Teiglinge darauflegen, mit Maismehl bestäuben und dann vorsichtig mit der Handfläche ca. 1,5 cm flach drücken. 5 Den Backofen auf **180 °C** Umluft vorheizen. 6 Eine große beschichtete Pfanne ohne Fett erhitzen und die Teiglinge darin portionsweise (in 2–3 Durchgängen) bei mittlerer Hitze pro Seite **3–5 Minuten** backen, bis sie goldbraun sind. Auf ein mit Backpapier ausgelegtes Backblech legen und im vorgeheizten Ofen (mittlere Schiene) **ca. 7 Minuten** backen. 7 Die Muffins herausnehmen, auf einem Küchengitter abkühlen lassen und noch lauwarm oder abgekühlt genießen.

SIMIT

Zum Frühstück oder zwischendurch – diese leckeren türkischen Sesamringe gehen einfach immer.

ZUBEREITEN ca. 30 Minuten
RUHEN 10–18 Stunden
BACKEN 16–20 Minuten

ERGIBT 8 SIMIT

FÜR DEN POOLISH

- 225 g kaltes Wasser (idealerweise 5–6 °C)
- 0,5 g frische Hefe (oder 0,2 g bzw. 1 Prise Trockenhefe)
- 225 g Weizenmehl Type 00 (alternativ Type 405)

FÜR DEN HAUPTTEIG

- 340 g Weizenmehl Type 00 (alternativ Type 405)
- 115 g Milch (Raumtemperatur, 3,5 % Fett)
- 10 g frische Hefe (oder 3,5 g Trockenhefe)
- 7 g Zucker
- 15 g Salz
- 10 g weiche Butter
- natives Olivenöl extra oder Pflanzenöl zum Einfetten

FÜR DEN BELAG

- 3–4 EL Sesamsaat
- ca. 150 g Wasser
- 3 EL Traubensirup

TAG 1

1 Am Vortag für den Poolish Wasser, Hefe und Mehl in einen Behälter (oder eine Schüssel) geben und mit einem Kochlöffel vermengen, bis eine Paste entsteht. Luftdicht verschließen und den Poolish bei **Raumtemperatur 8–16 Stunden** reifen lassen.

TAG 2

2 Am nächsten Tag für den Hauptteig den Poolish mit Mehl, Milch, Hefe, Zucker und Salz in die Rührschüssel der Küchenmaschine geben und mit dem Knethaken bei langsamer Geschwindigkeit **2–3 Minuten** kneten, bis das Mehl die Milch gebunden hat. Auf mittlere Stufe stellen, die Butter hinzufügen und **6–8 Minuten** kneten. Zum Schluss noch **1–2 Minuten** auf schnellster Stufe kneten, bis der Teig richtig schön geschmeidig ist. (Alternativ von Hand 15–20 Minuten kneten.) 3 Den Teig auf die Arbeitsfläche stürzen, 4–5-mal dehnen und falten, dann zu einer schönen Kugel auf Spannung schleifen. Eine Schüssel leicht einölen, die Kugel hineinlegen, mit einem feuchten Küchentuch abdecken und bei **Raumtemperatur 1 Stunde** ruhen lassen. 4 Den Teig durch leichtes Drücken entgasen, auf die Arbeitsfläche stürzen, 8 gleich große Stücke (à ca. 115 g) abstechen und mit den Handflächen jeweils zu ca. 40 cm langen Strängen rollen. Nun die Stränge in der Mitte umschlagen, wie eine Kordel verdrehen, dann die Enden zusammenführen, sodass ein Ring entsteht, und gut andrücken bzw. verschließen. 5 Für den Belag den Sesam in einen tiefen Teller streuen. Wasser und Traubensirup in einer Schüssel mischen. Die Teiglinge auf beiden Seiten in die Flüssigkeit tauchen, dann auf beiden Seiten im Sesam wälzen. Auf ein mit Backpapier ausgelegtes Backblech legen, abdecken und bei **Raumtemperatur 1 Stunde** ruhen lassen. 6 Den Backofen auf **220 °C** Ober-/Unterhitze vorheizen. 7 Das Blech in den vorgeheizten Ofen (mittlere Schiene) schieben und die Gebäckringe mit viel Dampf **16–20 Minuten** backen. 8 Herausnehmen und die Simitringe noch leicht warm oder abgekühlt genießen.

TIPP Genieße dein Simit mal mit Menemen (Eierspeise mit Tomaten, Spitzpaprika und Zwiebeln) oder Shakshuka (Eier in Tomatensauce) zum Frühstück. Du wirst begeistert sein!

RAMAZAN PIDESI

Ramazan Pidesi ist ein türkisches Fladenbrot, das traditionell während des Ramadans am Abend zum Fastenbrechen gegessen wird.

ZUBEREITEN ca. 25 Minuten
RUHEN 9–17 Stunden
BACKEN ca. 20 Minuten

ERGIBT 1 PIDE

FÜR DEN POOLISH

135 g kaltes Wasser (idealerweise 5–6 °C)
0,5 g frische Hefe (oder 0,2 g bzw. 1 Prise Trockenhefe)
135 g Weizenmehl Type 00 (11–15 % Eiweiß)

FÜR DEN HAUPTTEIG

90 g kaltes Wasser (idealerweise 5–6 °C)
6 g frische Hefe (oder 2 g Trockenhefe)
200 g Weizenmehl Type 00 (11–15 % Eiweiß)
10 g Salz
10 g natives Olivenöl extra plus etwas mehr zum Einfetten

FÜR EISTREICHE UND TOPPING

1 Eigelb (Größe M)
30 g griechischer Joghurt (10 % Fett)
1 TL Sesamsaat
½ TL Schwarzkümmelsamen

TAG 1

1 Am Vortag für den Poolish Wasser, Hefe und Mehl in einen Behälter (oder eine Schüssel) geben und mit einem Kochlöffel vermengen, bis eine Paste entsteht. Luftdicht verschließen und den Poolish bei **Raumtemperatur 8–16 Stunden** reifen lassen.

TAG 2

2 Am nächsten Tag für den Hauptteig den Poolish mit Wasser, Hefe, Mehl, Salz und Olivenöl in die Rührschüssel der Küchenmaschine geben und mit dem Knethaken bei langsamer Geschwindigkeit **2–3 Minuten** kneten, bis die Flüssigkeit absorbiert ist. Dann auf mittlere Stufe stellen und **6–8 Minuten** kneten. Zum Schluss noch **1–2 Minuten** auf schnellster Stufe kneten, bis der Teig geschmeidig ist. (Alternativ von Hand 15–20 Minuten kneten.) 3 Den Teig auf die Arbeitsfläche stürzen, 4–5-mal dehnen und falten, dann zu einer Kugel auf Spannung schleifen. Eine Schüssel leicht einölen, den Teig hineingeben, mit einem feuchten Küchentuch abdecken und bei **Raumtemperatur 1 Stunde** ruhen lassen. 4 Den Backofen auf **250 °C** Ober-/Unterhitze vorheizen. 5 Den Teig vorsichtig auf ein mit Backpapier ausgelegtes Backblech stürzen. Für die Eistreiche Eigelb und Joghurt vermischen und die Teigoberfläche damit bestreichen. Dann mit den Fingerkuppen das typische Muster in den Teig drücken: Zuerst mit ca. 2 cm Abstand vom Rand rundum Mulden eindrücken und dann in der Mitte in waagerechten sowie senkrechten Linien weitere Mulden eindrücken. Dabei entsteht von selbst ein Fladen. Zum Schluss mit Sesam und Schwarzkümmel bestreuen. 6 Das Blech in den vorgeheizten Ofen (mittlere Schiene) schieben und das Brot mit viel Dampf **ca. 20 Minuten** backen. 7 Den Fladen herausnehmen, etwas abkühlen lassen, dann anschneiden und genießen.

LAHMACUN

Lahmacun ist auch als türkische Pizza bekannt. Dieser dünn ausgerollte und mit einer würzigen Hackfleischmischung belegte Teigfladen ist unfassbar lecker.

ZUBEREITEN ca. 35 Minuten
RUHEN 30 Minuten
BACKEN 32–40 Minuten

ERGIBT 8 LAHMACUN

FÜR DEN TEIG

500 g Weizenmehl Type 00 (alternativ Type 405) plus etwas mehr zum Bemehlen
5 g Zucker
12 g Salz
15 g frische Hefe (oder 5 g Trockenhefe)
250 g handwarmes Wasser
30 g natives Olivenöl extra

FÜR DEN BELAG

2 mittelgroße Zwiebeln
3 mittelgroße Tomaten
2 grüne und 2 rote Spitzpaprika
2 Knoblauchzehen
20 g Tomatenmark
7 g Salz
1 gute Prise schwarzer Pfeffer aus der Mühle
7 g getrockneter Oregano
5 g Chiliflocken
4–5 Stängel glatte Petersilie
400 g Rinderhackfleisch

1 Für den Teig Mehl, Zucker und Salz in die Rührschüssel der Küchenmaschine geben und mit einem Kochlöffel vermischen. Die Hefe im handwarmen Wasser auflösen, hinzufügen und bei langsamer Geschwindigkeit mit dem Knethaken **2–3 Minuten** kneten, bis das Mehl das Wasser gebunden hat. Dann auf mittlere Stufe erhöhen, das Olivenöl dazugeben und **5–7 Minuten** kneten. Zum Schluss auf höchster Stufe noch **1–2 Minuten** kneten, bis der Teig schön geschmeidig ist. (Alternativ von Hand 15–20 Minuten kneten.) **2** Den Teig auf die Arbeitsfläche stürzen, in 8 gleich große Stücke (à ca. 100 g) teilen, dann zu Kugeln auf Spannung rundwirken und schleifen. Mit einem feuchten Küchentuch abdecken und bei **Raumtemperatur 30 Minuten** ruhen lassen. **3** Den Backofen auf **250 °C** Ober-/Unterhitze vorheizen. **4** Währenddessen für den Belag die Zwiebeln schälen und grob in Stücke schneiden. Tomaten waschen, Stielansätze entfernen und ebenfalls grob in Stücke schneiden. Rote und grüne Spitzpaprika waschen, entkernen und klein schneiden. Den Knoblauch schälen und hacken. Alles in den Mixer oder Blitzhacker geben, Tomatenmark und Gewürze hinzufügen, grob hacken und in eine große Schüssel geben. Die Petersilie abspülen, trocken schütteln, fein hacken, zusammen mit dem Hackfleisch in die Schüssel geben, gut vermengen und beiseitestellen. **5** Die Arbeitsfläche mit Mehl bestäuben, 2 Teiglinge darauflegen, bemehlen und mit dem Nudelholz zu 3–5 mm dünnen und 18–20 cm großen runden Fladen ausrollen. Jeweils ein Achtel der Hackfleischmasse dünn daraufstreichen, die Fladen auf ein mit Backpapier ausgelegtes Backblech legen und im vorgeheizten Ofen im oberen Drittel **8–10 Minuten** backen. Auf einen Teller geben und mit einem Küchentuch abdecken, wenn nicht sofort gegessen wird. **6** Auf die gleiche Weise 6 weitere Lahmacun backen.

TIPP Wenn man Lahmacun aufgerollt essen möchte, deckt man sie am besten nach dem Fertigbacken mit einem Küchentuch ab. Durch den dabei entstehenden Dampf werden sie weich und lassen sich perfekt rollen. Der Belag wird übrigens noch aromatischer, wenn man ihn am Vortag zubereitet und kalt stellt. Vor dem Gebrauch ca. 30 Minuten Temperatur annehmen lassen. Noch besser werden die Lahmacun, wenn sie auf einem Backstahl oder -stein gebacken werden (falls du noch nicht so geübt bist, am besten einzeln). Dadurch bekommt der Boden eine besonders schöne Kruste.

Brötchen
UND KLEINGEBÄCK

SONNTAGSBRÖTCHEN

Was gibt es Besseres als frisch gebackene Brötchen zum Frühstück? Und so einfach geht's.

ZUBEREITEN ca. 25 Minuten
RUHEN 9 Stunden 15 Minuten – 17 Stunden 45 Minuten
BACKEN 20–25 Minuten

ERGIBT 6 BRÖTCHEN

FÜR DEN POOLISH

- 135 g kaltes Wasser (idealerweise 5–6 °C)
- 0,5 g frische Hefe (oder 0,2 g bzw. 1 Prise Trockenhefe)
- 135 g Weizenmehl Type 00 (alternativ Type 550)

FÜR DEN HAUPTTEIG

- 205 g Weizenmehl Type 00 (alternativ Type 550)
- 80 g kaltes Wasser (idealerweise 5–6 °C)
- 10 g frische Hefe (oder 3,5 g Trockenhefe)
- 10 g Salz
- 10 g natives Olivenöl extra

TAG 1

1 Am Vortag für den Poolish Wasser, Hefe und Mehl in einen Behälter (oder eine Schüssel) geben und mit einem Kochlöffel vermengen, bis eine Paste entsteht. Luftdicht verschließen und den Poolish bei **Raumtemperatur 8–16 Stunden** reifen lassen.

TAG 2

2 Am nächsten Tag für den Hauptteig den Poolish mit Mehl, Wasser, Hefe und Salz in die Rührschüssel der Küchenmaschine geben und mit dem Knethaken bei langsamer Geschwindigkeit **2–3 Minuten** kneten, bis das Mehl das Wasser gebunden hat. Dann das Olivenöl hinzufügen und auf mittlerer Stufe **5–7 Minuten** kneten. Zum Schluss auf höchste Stufe stellen und noch **1–2 Minuten** kneten, bis der Teig richtig schön geschmeidig ist. (Alternativ von Hand 15–20 Minuten kneten.) **3** Auf die Arbeitsfläche stürzen, 4–5-mal dehnen und falten, zu einer Kugel auf Spannung schleifen, dann mit einem feuchten Küchentuch abdecken und bei **Raumtemperatur 15 Minuten** ruhen lassen. **4** Den Teig in 6 gleich große Stücke (à ca. 95 g) teilen, dann rundwirken, wenden und auf Spannung schleifen. Die Teigkugeln auf ein mit Backpapier ausgelegtes Backblech setzen, mit einem feuchten Küchentuch abdecken und bei **Raumtemperatur 60–90 Minuten** ruhen lassen. **5** Den Backofen auf **250 °C** Ober-/Unterhitze vorheizen. **6** Die Teiglinge mit einem scharfen Messer einschneiden, das Blech in den vorgeheizten Ofen (mittlere Schiene) schieben, die Temperatur auf **220 °C** reduzieren und die Brötchen mit viel Dampf **20–25 Minuten** backen. **7** Herausnehmen, kurz abkühlen lassen und genießen.

TIPP Falls du morgens nicht 60–90 Minuten warten möchtest, bis die Teiglinge gereift sind: Diese am Abend vorher fertig portionieren, in eine Teigwanne geben und abgedeckt über Nacht im Kühlschrank reifen lassen. Am nächsten Morgen wie angegeben nur noch einschneiden, in den vorgeheizten Ofen schieben und mit viel Dampf backen.

BUTTERZOPF

Rezept siehe Seite 90

BUTTERZOPF

Goldene Kruste, buttrig und raffiniert geflochten – dieser Butterzopf ist köstlich und macht immer etwas her.

ZUBEREITEN ca. 40 Minuten
RUHEN 14–20 Stunden 10 Minuten
BACKEN 20–27 Minuten

ERGIBT 1 BUTTERZOPF
FÜR DEN POOLISH
50 kaltes Wasser (idealerweise 5–6 °C)
0,5 g frische Hefe (oder 0,2 g bzw. 1 Prise Trockenhefe)
50 g Weizenmehl Type 00 (11–15 % Eiweiß, alternativ Type 550)

FÜR DEN HAUPTTEIG
300 g Weizenmehl Type 00 (11–15 % Eiweiß, alternativ Type 550) plus etwas mehr zum Bemehlen
140 g Milch (Raumtemperatur, 3,5 % Fett)
6 g frische Hefe (oder 2 g Trockenhefe)
50 g weiche Butter
7 g Salz
1 Ei (Größe M)
natives Olivenöl extra oder Pflanzenöl zum Einfetten

FÜR DIE EISTREICHE
1 Ei (Größe M)

TAG 1

1 Am Vortag für den Poolish Wasser in einen Behälter (oder eine Schüssel) geben, die Hefe darin auflösen, das Mehl hinzufügen und mit einem Kochlöffel verrühren, bis eine Paste entsteht. Luftdicht verschließen und den Poolish bei **Raumtemperatur 12–18 Stunden** reifen lassen.

TAG 2

2 Am nächsten Tag für den Hauptteig den Poolish in die Rührschüssel der Küchenmaschine geben, Mehl, Milch, Hefe, Butter, Salz und Ei dazugeben und mit dem Knethaken auf der kleinsten Stufe **2–3 Minuten** kneten. Auf mittlere Geschwindigkeit schalten, **10–12 Minuten** weiterkneten, dann auf höchste Stufe stellen und noch **1–2 Minuten** kneten, bis der Teig schön geschmeidig ist. (Alternativ von Hand 15–20 Minuten kneten.) **3** Den Teig auf die Arbeitsfläche geben, 4–5-mal dehnen und falten, dann zu einer Kugel auf Spannung schleifen. Eine Schüssel leicht einölen, den Teig hineingeben, mit einem feuchten Küchentuch abdecken und bei **Raumtemperatur 1 Stunde** ruhen lassen. **4** Die Arbeitsfläche leicht bemehlen, den Teig daraufstürzen, halbieren und mit den Handflächen zu ca. 40 cm langen Strängen rollen. Mit einem Küchentuch abdecken und **10 Minuten** entspannen lassen. Durch diese Ruhephase entspannt sich das Glutengerüst und der Teig lässt sich gut weiterverarbeiten. **5** Die beiden Stränge auf die Länge von 60–70 cm ausrollen und, wie auf den Step-Fotos zu sehen, zu einem Zopf flechten:

1. Die Stränge zu einem Kreuz übereinanderlegen.
2. Das obere Ende des unteren Strangs über den oberen Strang nach unten legen und das untere Ende des unteren Strangs nach oben legen.
3. Das linke Ende des waagerecht liegenden Strangs nach rechts und das rechte Ende nach links legen. Die Stränge liegen nun wieder wie ein Kreuz, das aber in der Mitte verknotet ist.
4. Das nun oben liegende Ende des Strangs nach unten legen, dabei wird der Knoten automatisch nach vorn umgeschlagen.
5. Das Ende des unten liegenden Strangs nach oben auf die linke Seite des Knotens legen.
6. Die waagerechten Stränge wieder nach rechts und links legen.

Diesen Vorgang wiederholen, bis der Zopf fertig geflochten ist, dabei immer mit den oben liegenden Strängen weiterflechten und darauf achten, dass der Zopf locker und gleichmäßig geflochten wird und die Stränge nicht verzogen sind. Zum Schluss die Enden zusammendrücken und ein wenig nach unten einschlagen. Der fertige Teigzopf ist oben etwas dicker als unten. **6** Den Zopf auf ein mit Backpapier ausgelegtes Backblech legen, mit einem feuchten Küchentuch abdecken und bei **Raumtemperatur 1 Stunde** ruhen lassen. **7** Den Backofen auf **210 °C** Umluft vorheizen. **8** Für die Eistreiche das Ei verquirlen und den Teigzopf gleichmäßig damit bestreichen. Das Backblech in den vorgeheizten Ofen (mittlere Schiene) schieben und den Zopf mit viel Dampf **20–27 Minuten** goldbraun und knusprig backen. **9** Den Butterzopf aus dem Ofen nehmen und auf einem Küchengitter auskühlen lassen.

TIPP Sollten sich die Stränge nur schwer auf die gewünschte Länge ausrollen lassen, einfach den Teig abdecken und weitere 10 Minuten entspannen lassen.

KÄSEBRÖTCHEN

Gutes Gebäck in Kombination mit Käse – besser geht's doch nicht, oder?

ZUBEREITEN ca. 30 Minuten
RUHEN 9 Stunden 45 Minuten – 18 Stunden 15 Minuten
BACKEN 20–23 Minuten

ERGIBT 6 BRÖTCHEN

FÜR DEN POOLISH
- 150 g kaltes Wasser (idealerweise 5–6 °C)
- 0,5 g frische Hefe (oder 0,2 g bzw. 1 Prise Trockenhefe)
- 150 g Weizenmehl Type 00 (11–15 % Eiweiß, alternativ Type 550)

FÜR DEN HAUPTTEIG
- 225 g Weizenmehl Type 00 (11–15 % Eiweiß, alternativ Type 550)
- 85 g kaltes Wasser (idealerweise 5–6 °C)
- 8 g frische Hefe (oder 2,5 g Trockenhefe)
- 10 g Salz
- 10 g weiche Butter

FÜR DAS TOPPING
- 150 g Gouda (Reifegrad nach Belieben)

TAG 1

1 Am Vortag für den Poolish das Wasser in einen Behälter (oder eine Schüssel) geben und die Hefe darin auflösen. Das Mehl hinzufügen und mit einem Kochlöffel vermengen, bis eine Paste entsteht. Luftdicht verschließen und den Poolish bei **Raumtemperatur 8–16 Stunden** reifen lassen.

TAG 2

2 Am nächsten Tag für den Hauptteig den Poolish in die Rührschüssel der Küchenmaschine geben, Mehl, Wasser und Hefe hinzufügen und mit dem Knethaken bei langsamster Geschwindigkeit 2–3 Minuten kneten, bis das Wasser absorbiert ist. Auf mittlere bis hohe Stufe stellen, das Salz einarbeiten, die Butter hinzugeben und **7–10 Minuten** kneten. Zum Schluss bei höchster Geschwindigkeit noch **1–2 Minuten** kneten, bis der Teig geschmeidig ist. (Alternativ von Hand 15–20 Minuten kneten.) 3 Den Teig auf die Arbeitsfläche stürzen, 4–5-mal dehnen und falten, dann zu einer Kugel auf Spannung schleifen. Eine große Schüssel über den Teig stülpen und bei **Raumtemperatur 15 Minuten** entspannen lassen. 4 Den Teig in 6 gleich große Stücke (à ca. 105 g) teilen, diese rundwirken, wenden und auf Spannung schleifen. Die Teiglinge auf ein mit Backpapier ausgelegtes Backblech legen, mit einem feuchten Küchentuch abdecken und bei **Raumtemperatur 1,5–2 Stunden** ruhen lassen. 5 Den Backofen auf **250 °C** Ober-/Unterhitze vorheizen. 6 Den Gouda reiben und die Teiglinge mit dem Käse bestreuen. Das Blech in den vorgeheizten Ofen (mittlere Schiene) schieben und die Käsebrötchen mit Dampf **20–23 Minuten** backen. 7 Herausnehmen, auf einem Küchengitter abkühlen lassen und lauwarm oder komplett ausgekühlt genießen.

TIPP Du kannst zusätzlich zum geriebenen Gouda auch ein paar Speckwürfel über die Brötchen streuen. Das passt ideal.

STAINLESS STEEL
CHINA

MILCHBRÖTCHEN

Wer ist nicht mit Milchbrötchen aufgewachsen? Weich, leicht süßlich und nach meinem Rezept ganz ohne künstliche Zusatzstoffe – Kindheitserinnerung pur!

ZUBEREITEN ca. 30 Minuten
RUHEN 1 Stunde 30–45 Minuten
BACKEN 20–25 Minuten

ERGIBT 9 MILCHBRÖTCHEN

FÜR DEN TEIG

500 g Weizenmehl Type 00 (11–15 % Eiweiß)
10 g feines Meersalz
20 g frische Hefe (oder 7 g Trockenhefe)
45 g Zucker
5 g Vanillezucker
250 g Milch (Raumtemperatur, 3,5 % Fett)
60 g weiche Butter
1 Ei (Größe M)
natives Olivenöl extra oder Pflanzenöl zum Einfetten

ZUM BESTREICHEN

2–3 EL flüssige Butter

1 Für den Teig Mehl und Salz in die Rührschüssel der Küchenmaschine geben und mit einem Kochlöffel vermengen. Hefe, Zucker, Vanillezucker und Milch in einen Messbecher geben und unter Rühren auflösen. Die Hälfte davon zum Mehl geben und mit dem Knethaken auf langsamer Stufe **2–3 Minuten** kneten, bis das Mehl die Flüssigkeit absorbiert hat. Dann auf mittlere Geschwindigkeit stellen und **10–12 Minuten** kneten, dabei erst die restliche Milchmischung hinzufügen, dann die weiche Butter einarbeiten und kurz darauf das Ei dazugeben. Zum Schluss auf höchste Stufe stellen und noch **1–2 Minuten** kneten, bis der Teig geschmeidig ist und sich vom Schüsselrand löst. (Alternativ von Hand 15–20 Minuten kneten.) 2 Eine Schüssel leicht einölen, den Teig hineingeben, mit einem feuchten Küchentuch abdecken und bei **Raumtemperatur 1 Stunde** ruhen lassen, bis sich das Teigvolumen verdoppelt hat. 3 Den Teig auf die bemehlte Arbeitsfläche stürzen, 9 gleich große Stücke (à ca. 105 g) abstechen, dann rundwirken, wenden und auf Spannung schleifen. Die Teigkugeln mit dem Nudelholz zu ca. 3 mm dünnen Rechtecken ausrollen und von den Längsseiten aufrollen. Die Nähte und Enden verschließen bzw. festdrücken. 4 Die Teiglinge mit etwas Abstand zueinander auf ein mit Backpapier ausgelegtes Blech legen, mit einem feuchten Küchentuch abdecken und noch mal **30–45 Minuten** ruhen lassen. 5 Den Backofen auf **170 °C** Ober-/Unterhitze vorheizen. 6 Das Blech in den vorgeheizten Ofen (mittlere Schiene) schieben und die Brötchen **20–25 Minuten** backen, bis sie goldbraun sind. 7 Herausnehmen und die Milchbrötchen sofort mit flüssiger Butter bestreichen. So erhalten sie einen tollen Glanz und werden besonders weich. Auf einem Küchengitter etwas abkühlen lassen und am besten lauwarm genießen.

TIPP Sollten Milchbrötchen übrig geblieben sein, so kann man sie am nächsten Tag 15–20 Sekunden im Mikrowellenofen aufwärmen. Dann werden sie wieder sehr weich und lecker.

EINFACHE BRÖTCHEN OHNE KNETEN

Einfacher geht es wirklich nicht – diese aromatischen Brötchen sind so simpel und doch so lecker.

ZUBEREITEN ca. 20 Minuten
RUHEN 10–14 Stunden
BACKEN 18–22 Minuten

ERGIBT 8 BRÖTCHEN

- 500 g Weizenmehl Type 00 (11–15 % Eiweiß, alternativ Type 550) plus etwas mehr zum Bemehlen
- 15 g Salz
- 5 g Zucker
- 10 g frische Hefe (oder 3,5 g Trockenhefe)
- 360 g kaltes Wasser (idealerweise 5–6 °C)
- natives Olivenöl extra oder Pflanzenöl zum Einfetten

TAG 1

1 Am Vortag für den Teig Mehl, Salz und Zucker in eine große Schüssel geben und mit einem Kochlöffel vermischen. Die Hefe im Wasser auflösen, hinzufügen und gut mischen, bis das Mehl das Wasser vollständig gebunden hat. **2** Einen Behälter leicht einölen, den relativ flüssigen Teig hineingeben, luftdicht verschließen und im **Kühlschrank 10–14 Stunden** reifen lassen.

TAG 2

3 Am nächsten Tag den Backofen auf **250 °C** Ober-/Unterhitze vorheizen. **4** Den Teig auf die reichlich bemehlte Arbeitsfläche gleiten lassen, mit Mehl bestäuben und mit der Teigkarte 8 gleich große, eckige Stücke (à ca. 110 g) abstechen. **5** Die vier Ecken der Teiglinge mit den Fingern hochziehen und übereinander zusammendrücken. Die Teiglinge auf ein mit Backpapier ausgelegtes Backblech setzen. In den vorgeheizten Ofen (mittlere Schiene) schieben und mit viel Dampf **18–22 Minuten** backen, bis die Brötchen eine schöne goldbraune Kruste haben. **6** Aus dem Ofen nehmen, auf einem Küchengitter abkühlen lassen und frisch genießen.

TIPP Du kannst die Teiglinge auch nur auf Backpapier legen und mithilfe eines Brot- oder Pizzaschiebers auf den vorgeheizten Backstahl oder -stein legen. So wird die Kruste am Boden der Brötchen noch besser. Es ist generell von Vorteil, einen Backstahl oder -stein mit aufzuheizen, auch wenn auf einem Blech gebacken wird. In diesem Fall einfach das Blech auf dem Backstahl oder -stein platzieren.

PARTYKRANZ

Dieser Brötchenkranz erinnert mich an meine Kindheit. Getoppt mit Sesam, Käse oder diversen Kernen – da ist für alle etwas dabei. Und die Gäste sind garantiert beeindruckt.

ZUBEREITEN ca. 35 Minuten
RUHEN 10–18 Stunden 15 Minuten
BACKEN 20–25 Minuten

ERGIBT 1 PARTYKRANZ (MIT 19 BRÖTCHEN)

FÜR DEN POOLISH
- 360 g kaltes Wasser (idealerweise 5–6 °C)
- 1 g frische Hefe (oder 0,3 g Trockenhefe)
- 360 g Weizenmehl Type 00 (alternativ Type 550)

FÜR DEN HAUPTTEIG
- 205 g kaltes Wasser (idealerweise 5–6 °C)
- 9 g frische Hefe (oder 3 g Trockenhefe)
- 535 g Weizenmehl Type 00 (alternativ Type 550)
- 27 g feines Meersalz
- 27 g natives Olivenöl extra

FÜR DAS TOPPING
- 3–4 EL Saaten oder Körner nach Wahl (z. B. Sesamsaat, Mohnsaat, Sonnenblumenkerne und Kürbiskerne)

TAG 1

1 Am Vortag für den Poolish Wasser, Hefe und Mehl in einen Behälter (oder eine Schüssel) geben und mit einem Kochlöffel vermengen, bis eine Paste entsteht. Luftdicht verschließen und bei **Raumtemperatur 8–16 Stunden** reifen lassen.

TAG 2

2 Am nächsten Tag für den Hauptteig den Poolish zusammen mit 100 g Wasser, Hefe und Mehl in die Rührschüssel der Küchenmaschine geben und mit dem Knethaken langsam **2–3 Minuten** kneten, dabei nach und nach das restliche Wasser einarbeiten, bis das Mehl das Wasser gebunden hat. Auf mittlere Geschwindigkeit hochschalten, Salz und Olivenöl hinzugeben und **7–9 Minuten** kneten. Dann zum Schluss auf höchster Stufe noch **1–2 Minuten** kneten, bis der Teig geschmeidig ist. (Alternativ von Hand 15–20 Minuten kneten.) 3 Den Teig auf die Arbeitsfläche stürzen, 4–5-mal dehnen und falten, dann zu einer Kugel auf Spannung schleifen, mit einem feuchten Küchentuch abdecken und **15 Minuten** ruhen lassen. 4 Den Teig in 19 gleich große Stücke (à ca. 80 g) teilen und jeweils zu Kugeln auf Spannung schleifen. 5 Für das Topping die Saaten und Körner getrennt in Schalen geben. Die glatte Oberseite der Teigkugeln zum Anfeuchten sanft in ein nasses Küchentuch drücken, dann in die Saaten und Körner drücken und so auf einem mit Backpapier ausgelegten Backblech anordnen, dass ein Kranz entsteht. Dabei einen kleinen Abstand zwischen den Teigkugeln lassen, der sich während des Ruhens schließt. Mit einem feuchten Küchentuch abdecken und **2 Stunden** ruhen lassen. 6 Den Backofen auf **250 °C** Ober-/Unterhitze vorheizen. 7 Das Backblech in den vorgeheizten Ofen (mittlere Schiene) schieben, die Temperatur auf **230 °C** reduzieren und den Partykranz mit viel Dampf **20–25 Minuten** backen. 8 Aus dem Ofen nehmen, auf einem Küchengitter auskühlen lassen und genießen.

TIPP Du kannst auch etwas geriebenen Käse (z. B. Gouda, Bergkäse oder Parmesan) auf einige Teiglinge streuen oder zusätzlich über das Saaten-Topping geben.

LAUGENBRÖTCHEN

Rezept siehe Seite 102

LAUGENBRÖTCHEN

Wer mag sie nicht? Kein Wunder, dass Laugenbrötchen so beliebt sind – sie schmecken einfach gut. Hier zeige ich dir als zusätzliche Variante, wie man sie auch ohne ätzende Lauge herstellen kann.

ZUBEREITEN ca. 35 Minuten
RUHEN 1 Stunde 15 Minuten
BACKEN 20–25 Minuten

ERGIBT 6 LAUGENBRÖTCHEN

FÜR DEN TEIG

335 g Weizenmehl Type 00 (11–15 % Eiweiß, alternativ Type 550)
10 g Salz
9 g Zucker
25 g weiche Butter
10 g frische Hefe (oder 3,5 g Trockenhefe)
185 g kaltes Wasser (idealerweise 5–6 °C)
natives Olivenöl extra oder Pflanzenöl zum Einfetten

FÜR DIE LAUGE

800 ml 4%iges Ätznatron (Natriumhydroxid, NaOH) in Lebensmittelqualität

FÜR DAS TOPPING

1 EL Hagelsalz

AUSSERDEM

Dauerbackfolie

1 Für den Teig das Mehl, Salz, Zucker und Butter in die Rührschüssel der Küchenmaschine geben. Die Hefe im Wasser auflösen, hinzufügen und mit dem Knethaken **2–3 Minuten** auf der kleinsten Stufe kneten, bis das Mehl das Wasser gebunden hat. Auf mittlere Geschwindigkeit erhöhen und **7–8 Minuten** weiterkneten. Zum Schluss auf höchste Stufe schalten und noch **1–2 Minuten** kneten, bis der Teig geschmeidig ist. (Alternativ von Hand ca. 15 Minuten kneten.) **2** Den Teig auf die Arbeitsfläche stürzen, 4–5-mal dehnen und falten, dann zu einer Kugel auf Spannung schleifen. Eine Schüssel leicht einölen, den Teig hineingeben, mit einem feuchten Küchentuch abdecken und bei **Raumtemperatur 1 Stunde** reifen lassen. **3** Den Backofen auf **250 °C** Ober-/Unterhitze vorheizen. **4** Den Teig auf der Arbeitsfläche in 6 gleich große Stücke (à ca. 95 g) teilen, dann rundwirken, wenden, auf Spannung schleifen und ohne Abdecken bei **Raumtemperatur 15 Minuten** entspannen lassen. **5** Die Dauerbackfolie auf ein Backblech legen. Nun sehr sorgfältig vorgehen und den Sicherheitshinweis beachten: Das Ätznatron mit Vorsicht in eine Schüssel geben. Die Teigkugeln mit der Handfläche leicht flach drücken, mithilfe eines Schaumlöffels einzeln in die Lauge geben und **3–4 Sekunden** darin baden. Herausheben, auf die Dauerbackfolie setzen, mit dem Hagelsalz bestreuen und mit einem scharfen Messer kreuzförmig einschneiden. **6** Das Blech in den vorgeheizten Ofen (mittlere Schiene) schieben, die Temperatur auf **220 °C** reduzieren und die Laugenbrötchen **20–25 Minuten** backen, bis die gewünschte Bräunung erreicht ist. **7** Die Brötchen aus dem Ofen nehmen, auf einem Küchengitter auskühlen lassen und genießen.

TIPP Hier solltest du kein Backpapier verwenden, denn die Lauge würde es zersetzen und untrennbar mit dem Backgut verkleben. Für das Baden in der Lauge ist es von Vorteil, wenn die Teigoberfläche vorher ein wenig antrocknet.
Du kannst das Ätznatron übrigens 3–4-mal wiederverwenden. Entsorgt wird die Lauge, indem man sie mit Wasser stark verdünnt in den Abfluss gibt.

VARIANTE: LAUGENBRÖTCHEN MIT NATRONLÖSUNG

1 Wenn du kein Ätznatron verwenden möchtest, dann kannst du auch normales Haushaltsnatron nehmen, das nicht ätzend ist. Manche sagen, dass das nicht authentisch ist– aber probiere es aus, du wirst erstaunt sein, wie gut die Laugenbrötchen auch auf diese Weise gelingen. 2 Teig und Teiglinge wie oben angegeben zubereiten und ohne Abdecken bei **Raumtemperatur 15 Minuten** entspannen lassen. Währenddessen die Natronlösung herstellen: Dafür 1,5 l Wasser in einem Topf aufkochen. Vom Herd nehmen, 8 g Salz und 40 g Natron (Natriumhydrogencarbonat) einrühren (Achtung, das dampft ein wenig) und den Topf wieder auf die ausgeschaltete Herdplatte stellen. 3 Nun wie oben angegeben die Teiglinge mit der Handfläche leicht flach drücken, nacheinander mit einem Schaumlöffel in die heiße Natronlösung legen und auf beiden Seiten ca. **30 Sekunden** darin baden. Dann herausnehmen und mit etwas Abstand zueinander auf ein mit Backpapier ausgelegtes Backblech legen. Mit etwas Laugenwasser bepinseln, mit Hagelsalz bestreuen, einschneiden und wie links angegeben backen.

SICHERHEITSHINWEIS Die Natronlauge mit Ätznatron sollte nicht in Kontakt mit der Haut oder mit den Augen kommen. Falls es doch geschieht, sofort unter fließendem Wasser abwaschen. Beim Arbeiten am besten Schürze, Schutzhandschuhe und Schutzbrille tragen. Vor Kindern sicher lagern!

SESAMBAGELS

Egal ob zum Frühstück, mittags oder abends: Bagels gehen immer. Und mit Sesam sowieso. Ich zeige dir hier eine Variante, wie man sie mit Haushaltsnatron anstelle von Ätznatron herstellen kann.

ZUBEREITEN ca. 30 Minuten
RUHEN 3 Stunden 15 Minuten
BACKEN ca. 12 Minuten

ERGIBT 6 BAGELS

FÜR DEN TEIG

450 g Weizenmehl Type 00 (11–15 % Eiweiß, alternativ Type 550) plus etwas mehr zum Bemehlen
10 g Salz
255 g kaltes Wasser (idealerweise 5–6 °C)
20 g Zuckerrübensirup (oder Honig)
10 g frische Hefe (oder 3,5 g Trockenhefe)
natives Olivenöl extra oder Pflanzenöl zum Einfetten

FÜR DIE NATRONLÖSUNG

2 l Wasser
30 g Zuckerrübensirup (oder Honig)
15 g Natron (Natriumhydrogencarbonat)
15 g Salz

FÜR DAS TOPPING

2 EL Sesamsaat

1 Für den Teig Mehl und Salz in die Rührschüssel der Küchenmaschine geben und mit einem Kochlöffel vermengen. Wasser und Sirup in ein Gefäß geben, die Hefe darin auflösen, zum Mehl geben und mit dem Knethaken bei langsamster Geschwindigkeit **2–3 Minuten** kneten. Dann auf mittlere bis schnelle Stufe stellen und **6–8 Minuten** kneten. Zum Schluss auf höchste Stufe schalten und noch **1–2 Minuten** kneten, bis der Teig geschmeidig ist. (Alternativ von Hand 15–20 Minuten kneten.) **2** Den Teig auf die Arbeitsfläche stürzen, 4–5-mal dehnen und falten, dann zu einer Kugel auf Spannung schleifen. Eine Schüssel leicht einölen, den Teig hineingeben, mit einem feuchten Küchentuch abdecken und bei **Raumtemperatur 2 Stunden** reifen lassen. **3** Den Teig auf die Arbeitsfläche stürzen, 6 gleich große Stücke (à ca. 120 g) abstechen, dann rundwirken, wenden und auf Spannung schleifen. Wieder abdecken und bei **Raumtemperatur** noch mal **15 Minuten** entspannen lassen. **4** Mit einem Kochlöffelstiel in die Mitte der Teiglinge ein Loch stechen, dann den Stiel durch das Loch schieben und die Teigringe in der Luft mit leicht schwingenden Bewegungen auf die gewünschte Größe (Durchmesser ca. 12–15 cm) bringen. **5** Ein Backblech mit Backpapier auslegen, mit etwas Mehl bestäuben, die Teigringe mit Abstand zueinander darauflegen und bei **Raumtemperatur** ohne Abdecken **1 Stunde** ruhen lassen. (Nach der Reifezeit dürfen die Bagel-Teiglinge vorsichtig nachgeformt werden.) **6** Den Backofen auf **230 °C** Ober-/Unterhitze vorheizen. **7** Für die Natronlösung das Wasser in einem Topf aufkochen. Vom Herd nehmen, Zuckerrübensirup, Natron und Salz einrühren (Achtung, das dampft ein wenig) und den Topf wieder auf die ausgeschaltete Herdplatte stellen. **8** Die Bagel-Teiglinge nacheinander mit einem Schaumlöffel in die heiße Natronlösung tauchen und auf jeder Seite **ca. 30 Sekunden** darin baden. Herausnehmen und mit etwas Abstand zueinander auf ein mit Backpapier ausgelegtes Backblech legen. **9** Mit Sesam bestreuen, das Blech in den vorgeheizten Ofen (mittlere Schiene) schieben und die Bagels ca. **12 Minuten** goldgelb backen. **10** Aus dem Ofen nehmen, auf einem Küchengitter auskühlen lassen und genießen.

TIPP Für das Baden in der Natronlösung ist es von Vorteil, wenn die Teigoberfläche vorher ein wenig antrocknet. Man kann die Bagels auch mit Mohnsaat, Sonnenblumenkernen oder anderen Körnern toppen.

GRILLBROTE

Warum die Brotbeilage bei einem Grillabend nicht gleich mitgrillen? Durch die tolle Röstung werden diese Fladen besonders lecker.

ZUBEREITEN ca. 25 Minuten
RUHEN 12–16 Stunden 15 Minuten
BACKEN 20–30 Minuten

ERGIBT 10 BROTE

500 g Weizenmehl Type 00 (11–15 % Eiweiß, alternativ Type 405) plus etwas mehr zum Bemehlen
10 g Salz
3 g frische Hefe (oder 1 g Trockenhefe)
300 g kaltes Wasser (idealerweise 5–6 °C)
40 g griechischer Joghurt (10 % Fett)
15 g natives Olivenöl extra
Olivenöl oder Pflanzenöl zum Einfetten

AUSSERDEM

Elektro-, Gas- oder Holzkohlegrill oder auch Pizzaofen

TAG 1

1 Am Vortag Mehl und Salz in die Rührschüssel der Küchenmaschine geben und mit einem Kochlöffel vermengen. Die Hefe im Wasser auflösen, zum Mehl geben, Joghurt und Olivenöl hinzufügen und mit dem Knethaken erst bei langsamer Geschwindigkeit **3 Minuten**, dann auf schneller Stufe **7–9 Minuten** kneten. Zum Schluss auf höchste Stufe stellen und noch **1–2 Minuten** kneten, bis der Teig geschmeidig ist. (Alternativ von Hand ca. 15 Minuten kneten.) 2 Den Teig auf die Arbeitsfläche legen, 4–5-mal dehnen und falten, dann zu einer schönen Kugel auf Spannung schleifen. Einen Behälter (oder eine Schüssel) leicht einölen, den Teig hineingeben, luftdicht verschließen und im **Kühlschrank 12–16 Stunden** reifen lassen.

TAG 2

3 Am nächsten Tag den Teig auf die leicht bemehlte Arbeitsfläche stürzen, 10 gleich große Stücke (à 85 g) abstechen, dann rundwirken, wenden und auf Spannung schleifen. Die Teigkugeln mit einem feuchten Küchentuch abdecken und bei **Raumtemperatur 15 Minuten** entspannen lassen, damit man sie nachher leichter weiterverarbeiten kann. 4 Inzwischen den Grill auf mittlerer bis hoher Hitze vorheizen. 5 3–4 Teiglinge (je nachdem, wie viele auf den Grill passen) auf die bemehlte Arbeitsfläche geben, mit Mehl bestäuben, mit dem Nudelholz zu ca. 5 mm dünnen und 12–14 cm großen Kreisen ausrollen. In oder auf den vorgeheizten Grill legen (je nach Grill den Deckel schließen) und **3–4 Minuten** pro Seite backen. 6 Inzwischen weitere Fladen ausrollen und auf die gleiche Weise backen. 7 Die fertigen Grillbrote am besten noch warm servieren.

TIPP Da man die bemehlten Fladen stapeln kann, lassen sie sich auch super vorbereiten. So sind sie gleich fertig für die „Grill-Warteschleife“. Man kann sie aber auch einzeln auf ein mit Backpapier ausgelegtes Backblech legen.
Probier dazu doch mal die selbst gemachte Knoblauchbutter (siehe S. 26) oder die Kräuterbutter (siehe S. 18) – am besten direkt auf die noch warmen Grillbrote streichen.

POTATO ROLLS

Durch die Kartoffeln im Teig bekommen diese Burgerbrötchen eine besonders weiche und fluffige Textur. Außerdem trägt die Feuchtigkeit der Kartoffeln dazu bei, dass das Gebäck länger frisch bleibt.

ZUBEREITEN ca. 30 Minuten
RUHEN 10,5–16,5 Stunden
BACKEN 18–21 Minuten

ERGIBT 6 BUNS

FÜR DEN POOLISH
- 50 g kaltes Wasser (idealerweise 5–6 °C)
- 0,5 g frische Hefe (oder 0,2 g bzw. 1 Prise Trockenhefe)
- 50 g Weizenmehl Type 00 (11–15 % Eiweiß, alternativ Type 550)

FÜR DEN HAUPTTEIG
- 280 g Weizenmehl (11–15 % Eiweiß, alternativ Type 550) plus etwas mehr zum Bemehlen
- 60 g Milch (Raumtemperatur, 3,5 % Fett)
- 8 g frische Hefe (oder 2,5 g Trockenhefe)
- 20 g Zucker
- 7 g Salz
- 1 Ei (Größe M)
- 100 g abgekühlte, gekochte Kartoffel
- 30 g weiche Butter
- natives Olivenöl extra oder Pflanzenöl zum Einfetten

ZUM BESTREICHEN
- 1 Eigelb (Größe M)
- 10 g Milch (3,5 % Fett)
- 30 g flüssige Butter

TAG 1

1 Am Vortag für den Poolish Wasser in einen Behälter (oder eine Schüssel) geben und die Hefe darin auflösen. Das Mehl hinzufügen und mit einem Kochlöffel vermengen, bis eine Paste entsteht. Luftdicht verschließen und den Poolish bei **Raumtemperatur 8–14 Stunden** reifen lassen.

TAG 2

2 Am nächsten Tag für den Hauptteig den Poolish mit Mehl, Milch, Hefe, Zucker, Salz und Ei in die Rührschüssel der Küchenmaschine geben. Die Kartoffel mit einer Gabel zerdrücken, hinzufügen und mit dem Knethaken **2–3 Minuten** bei langsamer Geschwindigkeit kneten, bis der Teig homogen wird. Dann auf mittlere Stufe schalten, die Butter dazugeben und weitere **10–15 Minuten** kneten. Zum Schluss auf höchste Stufe stellen und noch **1–2 Minuten** kneten, bis der Teig geschmeidig ist. (Alternativ von Hand 15–20 Minuten kneten.) **3** Den Teig auf die Arbeitsfläche geben, 4–5-mal dehnen und falten, dann zu einer Kugel auf Spannung schleifen. Eine Schüssel leicht einölen, den Teig hineingeben, mit einem feuchten Küchentuch abdecken und bei **Raumtemperatur 1 Stunde** ruhen lassen. **4** Den Teig durch leichtes Drücken entgasen und auf die leicht bemehlte Arbeitsfläche stürzen. 6 gleich große Stücke (à ca. 110 g) abstechen, jeweils rundwirken, wenden und auf Spannung schleifen. Die Teigkugeln mit reichlich Abstand zueinander auf ein mit Backpapier ausgelegtes Backblech legen. Mit einem feuchten Küchentuch abdecken und bei **Raumtemperatur 90 Minuten** gehen lassen. **5** Den Backofen auf **210 °C** Ober-/Unterhitze vorheizen. **6** Für die Eistreiche Eigelb und Milch mit einer Gabel verquirlen und die Teiglinge damit bepinseln. Das Blech in den vorgeheizten Ofen (mittlere Schiene) schieben, die Temperatur auf **190 °C** reduzieren und die Rolls **18–21 Minuten** backen, bis sie goldbraun sind. **7** Aus dem Ofen nehmen und direkt mit flüssiger Butter bestreichen, so erhalten die Potato Rolls ihren besonderen Glanz und werden noch weicher. Dann auf einem Küchengitter auskühlen lassen.

TIPP Der Teig kann je nach Backstärke des Mehls relativ klebrig sein. Sollte dies der Fall sein, empfehle ich, ihn auf die Arbeitsplatte zu legen und abgedeckt 15–30 Minuten ruhen zu lassen. Nach dieser Zeit kannst du den Teig mit leicht feuchten Händen dehnen und falten und wie im Rezept beschrieben weiterverarbeiten.

HOTDOG-BUNS

Dieser Streetfood-Klassiker hat es in sich – und mit dem richtigen Bun wird der Hotdog noch besser. Versprochen.

ZUBEREITEN ca. 25 Minuten
RUHEN 2 Stunden 15 Minuten
BACKEN 16–20 Minuten

ERGIBT 8 HOTDOG-BUNS

FÜR DEN TEIG

550 g Weizenmehl Type 00 (alternativ Type 550)
7 g Salz
15 g Zucker
15 g frische Hefe (oder 5 g Trockenhefe)
115 g Milch (3,5 % Fett)
115 g kaltes Wasser (idealerweise 5–6 °C)
1 Ei (Größe M)
1 Eigelb (Größe M)
15 g weiche Butter
natives Olivenöl extra oder Pflanzenöl zum Einfetten

ZUM BESTREICHEN

1 Ei (Größe M)
2–3 EL flüssige Butter

1 Für den Teig Mehl, Salz und Zucker in die Rührschüssel der Küchenmaschine geben und mit einem Kochlöffel vermischen. Die Hefe in der Milch auflösen, zusammen mit dem Wasser in die Schüssel geben und mit dem Knethaken bei langsamer Geschwindigkeit **2–3 Minuten** kneten, bis das Mehl die Flüssigkeiten absorbiert hat. Dann auf mittlere Stufe schalten, Ei und Eigelb hinzufügen, kurz darauf die weiche Butter und **10–12 Minuten** kneten. Zum Schluss auf höchster Stufe noch **1–2 Minuten** kneten, bis der Teig wunderbar geschmeidig ist. (Alternativ von Hand 15–20 Minuten kneten.) **2** Den Teig auf die Arbeitsfläche stürzen, 4–5-mal dehnen und falten, dann zu einer Kugel auf Spannung schleifen. Eine Schüssel leicht einölen, die Teigkugel hineingeben, mit einem feuchten Küchentuch abdecken und bei **Raumtemperatur 1 Stunde** ruhen lassen. **3** Den Teig durch leichtes Drücken mit den Fingerkuppen entgasen, 8 gleich große Stücke (à ca. 115 g) abstechen, dann rundwirken, wenden, auf Spannung schleifen und **15 Minuten** abgedeckt entspannen lassen. **4** Danach die Teiglinge mit beiden Händen und leichtem Druck zu ca. 18 cm langen Strängen ausrollen, mit etwas Abstand zueinander auf ein mit Backpapier ausgelegtes Backblech legen, mit einem feuchten Küchentuch abdecken und bei **Raumtemperatur** noch mal **1 Stunde** ruhen lassen. **5** Den Backofen auf **190 °C** Ober-/Unterhitze vorheizen. **6** Für die Eistreiche das Ei verquirlen, die Teiglinge damit bestreichen, in den vorgeheizten Ofen (mittlere Schiene) geben und **16–20 Minuten** goldgelb backen. **7** Aus dem Ofen nehmen und die Hotdog-Buns sofort mit flüssiger Butter bestreichen, damit sie einen besonderen Glanz und Fluffigkeit erhalten. Auf einem Küchengitter auskühlen lassen und genießen.

TIPP Wenn du die Buns später aufschneidest und belegen möchtest, am besten die Schnittseiten vorher in einer Pfanne in etwas Butter anrösten. So bekommen die Buns noch mehr Aroma.

BRIOCHE-BURGER-BUNS

Kein perfekter Burger ohne den perfekten Bun. Buttrig-süß und soft sind diese Brioche-Buns die idealen Begleiter für die nächste Burger-Party.

ZUBEREITEN ca. 30 Minuten
RUHEN 2 Stunden
BACKEN 19–21 Minuten

ERGIBT 6 BUNS

FÜR DEN TANGZHONG

25 g kaltes Wasser (idealerweise 5–6 °C)
60 g Milch (3,5 % Fett)
20 g Weizenmehl Type 00 (alternativ Type 550)

FÜR DEN HAUPTTEIG

320 g Weizenmehl Type 00 (alternativ Type 550) plus etwas mehr zum Bemehlen
15 g Zucker
7 g Salz
25 g frische Hefe (oder 8 g Trockenhefe)
115 g handwarme Milch (3,5 % Fett)
1 Ei (Größe M)
1 Eigelb (Größe M)
40 g weiche Butter

FÜR DIE EISTREICHE

1 Ei (Größe M)
1 EL Milch (3,5 % Fett)
25 g flüssige Butter

1 Für den Tangzhong Wasser Milch und Mehl in einen Topf geben, mit einem Kochlöffel verrühren und bei mittlerer Hitze unter ständigem Rühren erhitzen, bis eine Paste entsteht. Vom Herd nehmen und abkühlen lassen. 2 Für den Hauptteig den Tangzhong in die Rührschüssel der Küchenmaschine geben, Mehl, Zucker und Salz hinzufügen. Die Hefe in der handwarmen Milch auflösen. Die Maschine auf kleinster Stufe starten und den Teig mit dem Knethaken **2–3 Minuten** kneten, dabei die Hefemilch langsam dazugeben. 3 Sobald das Mehl die Hefemilch absorbiert hat, auf mittlere Geschwindigkeit stellen und **8–12 Minuten** kneten, dabei Ei und Eigelb hinzufügen, kurz weiterkneten, die Hälfte der Butter einarbeiten, dann die restliche Butter hinzugeben. Zum Schluss auf höchster Stufe noch **1–2 Minuten** kneten, bis der Teig geschmeidig ist. (Alternativ von Hand ca. 20 Minuten kneten.) 4 Den Teig auf die Arbeitsfläche geben, 4–5-mal dehnen und falten, dann zu einer Kugel auf Spannung schleifen und mit einem feuchten Küchentuch abgedeckt bei **Raumtemperatur 1 Stunde** ruhen lassen. 5 Auf der leicht bemehlten Arbeitsfläche den Teig in 6 gleich große Stücke (à ca. 110 g) teilen, dann rundwirken, wenden und auf Spannung schleifen. Die Teigkugeln auf ein mit Backpapier ausgelegtes Backblech setzen, wieder abdecken und noch einmal bei **Raumtemperatur 1 Stunde** gehen lassen. 6 Den Backofen auf **190 °C** Ober-/Unterhitze vorheizen. 7 Für die Eistreiche Ei und Milch verquirlen und die perfekt gereiften Teiglinge damit bestreichen. In den vorgeheizten Ofen (mittlere Schiene) geben und **19–21 Minuten** backen. 8 Die Buns aus dem Ofen nehmen und sogleich mit flüssiger Butter bestreichen. So werden sie noch weicher und schön glänzend. Auf einem Küchengitter auskühlen lassen.

TIPP Wenn du Burger zubereitest: Für maximale Röstaromen die aufgeschnittenen Buns mit den Schnittseiten in etwas Butter anrösten.

SALZSTANGERL MIT KÜMMEL

Dieses Traditionsgebäck aus Österreich überzeugt durch seinen kräftigen Salzgeschmack und die würzigen Kümmelsamen.

ZUBEREITEN ca. 30 Minuten
RUHEN 90 Minuten
BACKEN ca. 20 Minuten

ERGIBT 12 SALZSTANGEN

600 g Weizenmehl Type 00 (11–15 % Eiweiß, alternativ Type 550) plus etwas mehr zum Bemehlen
15 g Salz
10 g Zucker
15 g frische Hefe (oder 5 g Trockenhefe)
375 g kaltes Wasser (idealerweise 5–6 °C)
15 g weiche Butter
15 g natives Olivenöl extra plus etwas mehr zum Einfetten

AUSSERDEM

Flockensalz
1–2 TL Kümmelsamen

1 Für den Teig Mehl, Salz und Zucker in die Rührschüssel der Küchenmaschine geben und mit einem Kochlöffel vermengen. Die Hefe im Wasser auflösen, hinzugeben und mit dem Knethaken bei langsamer Geschwindigkeit **2–3 Minuten** mischen, dann auf mittlere Stufe stellen, die Butter einarbeiten, das Olivenöl hinzufügen und **10–12 Minuten** kneten. Zum Schluss auf höchste Stufe stellen und noch **1–2 Minuten** kneten, bis der Teig geschmeidig ist. (Alternativ von Hand 15–20 Minuten kneten.) 2 Eine Schüssel leicht einölen, den Teig hineingeben, mit einem feuchten Küchentuch abdecken und bei **Raumtemperatur 1 Stunde** ruhen lassen. 3 Den Teig auf die leicht bemehlte Arbeitsfläche stürzen, 12 gleich große Stücke (à ca. 85 g) abstechen, dann rundwirken, wenden und zu schönen Kugeln auf Spannung schleifen. 4 Dann, wie auf den Step-Fotos zu sehen, die Teiglinge nacheinander mit dem Nudelholz zu ca. 5 mm dünnen und 15–16 cm langen ovalen Fladen ausrollen. Zum Beschweren das Nudelholz auf den oberen Teigrand legen und den Fladen mit Spannung von unten nach oben aufrollen. Das Nudelholz bewirkt, dass der Teig nicht wegrutscht und gleichmäßig aufgerollt werden kann. Die Teigstangen auf ein mit Backpapier ausgelegtes Backblech legen, mit einem feuchten Küchentuch abdecken und bei **Raumtemperatur 30 Minuten** ruhen lassen. 5 Den Backofen auf **200 °C** Ober-/Unterhitze vorheizen. 6 Die Teigstangen mit etwas Wasser bepinseln und mit Salzflocken sowie Kümmel bestreuen. Das Blech in den vorgeheizten Ofen (mittlere Schiene) schieben und die Stangerl **ca. 20 Minuten** backen, bis sie goldbraun sind. 7 Aus dem Ofen nehmen und die Salzstangen auf einem Küchengitter auskühlen lassen.

TIPP Diese Stangen sind klasse zum Knabbern, passen aber auch super zu Eintöpfen wie Gulasch oder machen sich bestens bei einem Grillabend.

GRISSINI

Diese selbst gebackenen Grissini machen deinen Abend mit Freunden und Familie besonders attraktiv. Achtung: Suchtgefahr!

ZUBEREITEN ca. 30 Minuten
RUHEN 3–4 Stunden
BACKEN ca. 25 Minuten

ERGIBT CA. 12 GRISSINI

315 g Weizenmehl Type 00 (11–15 % Eiweiß, alternativ Type 405) plus etwas mehr zum Bemehlen
5 g feines Meersalz
2 g frische Hefe (oder 1 g Trockenhefe)
200 g kaltes Wasser (idealerweise 5–6 °C)
10 g natives Olivenöl extra plus etwas mehr zum Einfetten
1 EL Sesamsaat

1 Mehl und Salz in die Rührschüssel der Küchenmaschine geben und mit einem Kochlöffel vermengen. Die Hefe im Wasser auflösen, zum Mehl geben, das Olivenöl hinzufügen und mit dem Knethaken auf kleinster Stufe **2–3 Minuten** kneten. Die Geschwindigkeit erhöhen und **5–7 Minuten** kneten, dann zum Schluss auf höchste Stufe stellen und noch **1–2 Minuten** kneten, bis der Teig geschmeidig ist. (Alternativ von Hand 15–20 Minuten kneten.) 2 Den Teig auf die Arbeitsfläche stürzen, 4–5-mal dehnen und falten, dann zu einer Kugel auf Spannung schleifen. Eine Schüssel leicht einölen, den Teig hineingeben, mit einem feuchten Küchentuch abdecken und bei **Raumtemperatur 2–3 Stunden** ruhen lassen. 3 Die Arbeitsfläche mit Mehl bestäuben, den Teig aus der Schüssel daraufgleiten lassen, mit Mehl bestäuben und mit dem Nudelholz zu einem ca. 5 mm dünnen und ca. 20 × 30 cm großen Rechteck ausrollen. Dann mit einem Pizzaroller (oder Messer) den Teig von der kurzen Seite her in 2–3 cm breite Streifen schneiden. Die Streifen auf eine nicht bemehlte Arbeitsfläche legen und mit den Handflächen zu 20–25 cm langen „Kordeln" drehen, indem man den Teigstrang mit der einen Hand nach vorn und mit der anderen Hand nach hinten rollt. Auf ein mit Backpapier ausgelegtes Backblech legen. 4 Die Teigstangen mit etwas Wasser bestreichen und mit dem Sesam bestreuen. Mit einem feuchten Küchentuch abdecken und **1 Stunde** gehen lassen. 5 Den Backofen auf **190 °C** Umluft vorheizen. 6 Das Backblech in den vorgeheizten Ofen (mittlere Schiene) schieben und die Teigstangen **ca. 25 Minuten** goldbraun backen, bis sie knusprig sind. 7 Herausnehmen und die Grissini auf einem Küchengitter auskühlen lassen.

TIPP Hier kann man kreativ sein und unter den Teig auch fein gehackte Kräuter, geriebenen Parmesan oder fein gehackte getrocknete Tomaten mischen.

MAMAS WAFFELN

Alle lieben sie. Die selbst gemachten Waffeln meiner Mama haben schon viele begeistert. Knusprig-weich, fluffig und einfach der perfekte Glücklichmacher für jeden Anlass.

ZUBEREITEN ca. 15 Minuten
BACKEN 20–30 Minuten

ERGIBT 12 WAFFELN

250 g Weizenmehl Type 00 (11–15 % Eiweiß, alternativ Type 405)
1 Msp. Natron (Natriumhydrogencarbonat)
3 g Backpulver
1 Pck. Vanillezucker
2 Eier (Größe M)
30 g Puderzucker
240 g Milch (3,5 % Fett)
40 g Sonnenblumenöl plus etwas mehr zum Einfetten
15 g kohlensäurehaltiges Mineralwasser

AUSSERDEM

belgisches Waffeleisen mit zwei Backflächen

1 Für den Teig Mehl, Natron, Backpulver und Vanillezucker in eine Schüssel geben und mit einem Kochlöffel vermengen. 2 Die Eier trennen. Das Eiweiß in einer Schüssel mit den Quirlen des Handrührgeräts schaumig-steif schlagen und beiseitestellen. Das Eigelb in eine andere Schüssel geben, den Puderzucker hinzufügen und mit den Quirlen des Handrührgeräts glatt rühren. Milch, Sonnenblumenöl und Mineralwasser dazugeben und homogen verquirlen. Dann zur Mehlmischung geben und alles zu einem glatten Teig verrühren. Zum Schluss den Eischnee unterheben. 3 Das Waffeleisen vorheizen. Die Backflächen etwas einfetten, den Waffelteig mit einer Kelle portionsweise hineingeben und **3–5 Minuten** goldbraun backen. 4 Die Waffeln herausnehmen und noch warm genießen.

TIPP Wer möchte, bestäubt die Waffeln noch mit Puderzucker oder serviert geschlagene Sahne und Beeren nach Wahl dazu.

VANILLESTANGEN

Als ich noch zur Grundschule ging, gab es dort beim Bäcker morgens immer Vanillestangen. Heute mache ich sie selbst und sie sind mindestens genauso lecker.

ZUBEREITEN ca. 35 Minuten
RUHEN 2 Stunden
BACKEN 18–20 Minuten

ERGIBT 10 VANILLESTANGEN

FÜR DEN TEIG
400 g Weizenmehl Type 00 (11–15 % Eiweiß, alternativ Type 550) plus etwas mehr zum Bemehlen
5 g Salz
65 g Zucker
15 g frische Hefe (oder 5 g Trockenhefe)
200 g Milch (Raumtemperatur, 3,5 % Fett)
1 Ei (Größe M)
50 g weiche Butter
natives Olivenöl extra oder Pflanzenöl zum Einfetten

FÜR DIE VANILLECREME
300 g Milch (3,5 % Fett)
50 g Zucker
2 Eigelb (Größe M)
30 g Speisestärke
5 g Vanilleextrakt
30 g Butter

FÜR DIE EISTREICHE
1 Ei (Größe M)
2 EL Milch (3,5 % Fett)

1 Für den Teig Mehl, Salz und Zucker in die Rührschüssel der Küchenmaschine geben und mit einem Kochlöffel vermischen. Die Hefe in der Milch auflösen und über die Mehlmischung gießen. Das Ei hinzufügen und mit dem Knethaken auf der langsamsten Stufe **2–3 Minuten** mischen, bis das Mehl die Milch absorbiert hat. Auf mittlere Geschwindigkeit erhöhen, die weiche Butter hinzufügen, und **10–12 Minuten** weiterkneten. Zum Schluss auf höchste Stufe stellen und noch **1–2 Minuten** kneten, bis der Teig geschmeidig ist. (Alternativ von Hand 15–20 Minuten kneten.) 2 Den Teig auf die Arbeitsfläche geben, 4–5-mal dehnen und falten, dann zu einer Kugel auf Spannung schleifen. Eine Schüssel leicht einölen, den Teig hineingeben, mit einem feuchten Küchentuch abdecken und bei **Raumtemperatur 1 Stunde** ruhen lassen. 3 Inzwischen für die Vanillecreme Milch, Zucker, Eigelb, Stärke und Vanilleextrakt in einen Topf geben und bei mittlerer Hitze mit einem Schneebesen unter ständigem Rühren aufkochen, bis eine cremige Konsistenz erreicht ist. Dann die Butter unter Rühren einarbeiten. Vom Herd nehmen, die Creme mit Frischhaltefolie abdecken und auskühlen lassen. 4 Den Teig auf die bemehlte Arbeitsfläche stürzen und mit den Händen rechteckig leicht ausziehen. Mit Mehl bestäuben und mit dem Nudelholz zu einem ca. 7 mm dünnen und ca. 35 × 30 cm großen Rechteck ausrollen (die lange Seite unten). Nun die Creme auf den unteren zwei Dritteln der Teigfläche verteilen, dabei einen ca. 1,5 cm breiten Rand frei lassen. Dann den oberen, nicht bestrichenen Teig zur Mitte hin umklappen und den unteren bestrichenen Teil darüberklappen. 5 Den Strang mit Mehl bestäuben und mit einer Teigkarte oder einem Messer in 10 gleich breite Streifen (3–4 cm) schneiden. Die Streifen verzwirbeln, mit ausreichend Abstand auf ein mit Backpapier ausgelegtes Backblech legen, mit einem feuchten Küchentuch abdecken und bei **1 Stunde** ruhen lassen. 6 Den Backofen auf **180 °C** Ober-/Unterhitze vorheizen. 7 Für die Eistreiche Ei und Milch mit einer Gabel verquirlen und die Teiglinge damit bestreichen. Das Blech in den vorgeheizten Ofen (mittlere Schiene) schieben und die Vanillestangen **18–20 Minuten** backen, bis sie goldbraun sind. 8 Aus dem Ofen nehmen, auf einem Küchengitter abkühlen lassen und noch lauwarm oder auch komplett ausgekühlt genießen.

ZIMTSCHNECKEN

Dieses spiralförmige Gebäck besteht aus einem lockeren Hefeteig mit einer Füllung aus der perfekten Kombination von Zimt, Zucker und Butter.

ZUBEREITEN ca. 35 Minuten
RUHEN 90 Minuten
BACKEN 20–25 Minuten

ERGIBT 12 ZIMTSCHNECKEN
FÜR DEN TEIG
450 g Weizenmehl Type 00 (alternativ Type 405) plus etwas mehr zum Bemehlen
45 g Zucker
7 g Vanillezucker
1 Prise Salz
15 g frische Hefe (oder 5 g Trockenhefe)
250 g Milch (Raumtemperatur, 3,5 % Fett)
55 g weiche Butter
natives Olivenöl extra oder Pflanzenöl zum Einfetten

FÜR DIE FÜLLUNG
90 g weiche Butter
45 g Zucker
15 g gemahlener Zimt

FÜR DIE GLASUR
100 g Puderzucker
35 g Zitronensaft

1 Für den Teig Mehl, Zucker, Vanillezucker und Salz in die Rührschüssel der Küchenmaschine geben und mit einem Kochlöffel vermengen. Die Hefe in der Milch auflösen, zur Mehlmischung geben und mit dem Knethaken bei langsamer Geschwindigkeit **2–3 Minuten** kneten, bis das Mehl die Flüssigkeit gebunden hat. Auf mittlere Stufe stellen, die weiche Butter einarbeiten und **10–12 Minuten** kneten. Zum Schluss auf höchste Stufe schalten und noch **1–2 Minuten** kneten, bis der Teig geschmeidig ist. (Alternativ von Hand 15–20 Minuten kneten.) 2 Den Teig auf die Arbeitsfläche stürzen, dehnen und falten, dann zu einer Kugel auf Spannung schleifen. Eine Schüssel leicht einölen, den Teig hineingeben, mit einem feuchten Küchentuch abdecken und bei **Raumtemperatur 1 Stunde** ruhen lassen. 3 Den Teig auf die bemehlte Arbeitsfläche stürzen, mit einem Nudelholz zu einem ca. 5 mm dünnen und ca. 35 × 25 cm großen Rechteck ausrollen und die Kanten gerade abschneiden. 4 Für die Füllung weiche Butter, Zucker und Zimt verrühren und mit einem Pinsel auf den Teig streichen, dabei rundum einen 1–2 cm breiten Rand frei lassen. Den Teig nun von einer Längsseite mit etwas Spannung aufrollen, dann den Strang in 12 gleich große ca. 3 cm breite Scheiben schneiden. 5 Die Schnecken mit den Schnittflächen auf ein mit Backpapier ausgelegtes Backblech legen, dabei auf ausreichenden Abstand achten, damit sie noch etwas aufgehen können. Mit einem feuchten Küchentuch abdecken und die Teiglinge bei **Raumtemperatur 30 Minuten** ruhen lassen. 6 Den Backofen auf **180 °C** Ober-/Unterhitze vorheizen. 7 Das Backblech in den vorgeheizten Ofen (mittlere Schiene) schieben und die Zimtschnecken **20–25 Minuten** backen. Aus dem Ofen nehmen. 8 Für die Glasur Puderzucker und Zitronensaft verrühren und die Zimtschnecken noch sehr warm damit bestreichen. Auf ein Küchengitter geben und auskühlen lassen.

TIPP Nach dem Aufrollen darauf achten, dass die Schnecken in gleich dicke Scheiben geschnitten werden, damit sie beim Backen auch gleichmäßig aufgehen.

BERLINER KRAPFEN

Berliner, Pfannkuchen, Kreppel oder Krapfen? Egal, wie man es nennt – selbst gemacht ist dieses süße Gebäck besonders gut.

ZUBEREITEN ca. 30 Minuten
RUHEN 2 Stunden
AUSBACKEN 15–20 Minuten

ERGIBT 10 KRAPFEN

FÜR DEN TEIG

170 g Milch (3,5 % Fett)
14 g frische Hefe (oder 5 g Trockenhefe)
35 g Zucker
1 Prise Salz
335 g Weizenmehl Type 00 (alternativ Type 550) plus etwas mehr zum Bemehlen
2 Eigelb (Größe M)
35 g weiche Butter
1 l Sonnenblumenöl zum Ausbacken plus etwas mehr zum Einfetten

FÜR FÜLLUNG UND TOPPING

90–100 g Konfitüre nach Wahl (z. B. Erdbeerkonfitüre)
Puderzucker zum Bestäuben

AUSSERDEM

Spritzbeutel mit Lochtülle

1 Für den Teig die Milch in einen kleinen Topf geben und auf **35 °C** erwärmen (sie darf nicht wärmer werden). Vom Herd nehmen, Hefe, Zucker und Salz hinzufügen und mit dem Kochlöffel rühren, bis sich alles aufgelöst hat. **2** Das Mehl in die Rührschüssel der Küchenmaschine geben, die Milchmischung dazugeben und mit dem Knethaken bei langsamer Geschwindigkeit **2–3 Minuten** kneten. Auf mittlere Geschwindigkeit erhöhen und das Eigelb einarbeiten, bis es gebunden ist. Die weiche Butter hinzufügen und insgesamt **7–10 Minuten** kneten. Zum Schluss auf höchster Stufe noch **1–2 Minuten** kneten, bis der Teig geschmeidig ist. (Alternativ von Hand 15–20 Minuten kneten.) **3** Den Teig auf die Arbeitsfläche stürzen, 4–5-mal dehnen und falten, dann zu einer Kugel auf Spannung schleifen. Eine Schüssel leicht einölen, den Teig hineingeben, mit einem feuchten Küchentuch abdecken und bei **Raumtemperatur 1 Stunde** ruhen lassen. **4** Den Teig in der Schüssel durch leichtes Drücken entgasen, auf die Arbeitsfläche legen, 10 gleich große Stücke (à ca. 60 g) abstechen und auf Spannung schleifen. Die Arbeitsfläche mit Mehl bestäuben, die Teiglinge darauflegen, mit einem feuchten Küchentuch abdecken und noch einmal bei **Raumtemperatur 1 Stunde** ruhen lassen. **5** Die Teiglinge mit etwas Mehl bestäuben und vorsichtig etwas flach drücken. **6** Das Sonnenblumenöl in einem Frittiertopf (oder einem anderen Topf) auf **160 °C** erhitzen. Wenn diese Temperatur erreicht ist, die Hitze auf kleinste Stufe reduzieren. Die Teiglinge portionsweise vorsichtig ins heiße Öl geben und von beiden Seiten jeweils **2–3 Minuten** frittieren. Aus dem Öl heben und auf einem mit Küchenpapier belegten Küchengitter abtropfen und abkühlen lassen. Das Öl wieder auf **160 °C** erhitzen und portionsweise weiterfrittieren, bis der Teig verbraucht ist. **7** Für die Füllung die Konfitüre bei Bedarf durch ein feines Sieb streichen und in den Spritzbeutel mit Lochtülle füllen. Die Tülle von den Seiten tief in die ausgebackenen Krapfen stecken und jeweils eine kleine Portion Konfitüre hineinspritzen. **8** Die Krapfen auf einen Servierteller legen, mit Puderzucker bestäuben und genießen.

TIPP Du kannst jede Konfitüresorte oder jedes Fruchtgelee verwenden. Ich selbst mag am liebsten Erdbeerkonfitüre.

BACK GUIDE

BACK-BASICS

Krume und Kruste: gewusst wie

Beim Backen von Brot und anderen Teigwaren spielen Krume und Kruste eine zentrale Rolle. Die Krume bezeichnet den weichen, inneren Teil des Brotes, während die Kruste die äußere, knusprige Schicht ist. Beide Bestandteile sind entscheidend für Geschmack, Textur und das allgemeine Backergebnis.

Die Krume

Definition und Bedeutung Die Krume ist das Innere des Brotes, das aus einem Netzwerk von Gluten und Stärke besteht. Eine gute Krume ist gleichmäßig strukturiert, weich und elastisch.

FAKTOREN, DIE DIE KRUME BEEINFLUSSEN

Teigzubereitung Die Art und Weise, wie der Teig geknetet wird, beeinflusst die Bildung der Glutenstränge, die der Krume ihre Struktur verleihen.
Hydratation Ein höherer Wasseranteil im Teig führt zu einer offeneren, luftigen Krume, während ein niedrigerer Wasseranteil eine dichtere Krume erzeugt.
Gärung Die Zeit und Temperatur der Gärung beeinflussen die Gasbildung im Teig, was wiederum die Struktur der Krume bestimmt.
Mehltype Der Proteingehalt des Mehls spielt eine wichtige Rolle bei der Entwicklung des Glutennetzwerks.

Die Kruste

Definition und Bedeutung Die Kruste ist die äußere Schicht des Brotes, die während des Backprozesses entsteht. Sie ist meist knusprig und hat eine goldbraune Farbe.

FAKTOREN, DIE DIE KRUSTE BEEINFLUSSEN

Backtemperatur Eine hohe Anfangstemperatur fördert die Bildung einer knusprigen Kruste durch die schnelle Verdunstung von Wasser und die Karamellisierung von Zuckern.
Dampf Das Hinzufügen von Wasser und der dadurch erzeugte Dampf während des Backens verzögert zunächst die Bildung der Kruste, was im Endergebnis zu einer dickeren und besonders knusprigen Kruste führt.
Backzeit Eine längere Backzeit verstärkt die Bräunung und die Knusprigkeit der Kruste.
Zutaten Zucker, Fett und Milchprodukte im Teig können die Bräunung und Textur der Kruste beeinflussen.

Porung

Die Porung ist entscheidend für die Qualität der Backwaren. Sie beschreibt die Verteilung und Größe der Luftblasen im Teig, die während der Gärung entstehen. Eine gute Porung sorgt für eine luftige, gleichmäßige Krume und eine knusprige Kruste.

FAKTOREN, DIE DIE PORUNG BEEINFLUSSEN

Teigzubereitung Durch richtiges Kneten und Falten entwickelt sich ein starkes Glutennetzwerk, das die Gasblasen einfängt und stabilisiert.
Hydratation Der Wasseranteil im Teig beeinflusst die Porung stark. Ein höherer Wassergehalt führt zu größeren, unregelmäßigen Poren, während ein niedrigerer Gehalt eine feinere Krume ergibt.
Gärzeit und -temperatur Eine längere Gärzeit bei kühlerer Temperatur fördert die Bildung gleichmäßiger, großer Poren.
Triebmittel Die Wahl und Menge des Triebmittels (Hefe, Sauerteig) bestimmen die Größe und Verteilung der Luftblasen im Teig.

Die Porung ist der Schlüssel zu einer perfekten Krume und Kruste. Mit dem richtigen Know-how und etwas Geduld kann man so fantastische Backwaren herstellen.

PRAKTISCHE TIPPS ZUR VERBESSERUNG DER PORUNG

Kneten und Dehnen Das sorgfältige Kneten sowie Dehnen und Falten des Teiges während der Gärung stärken das Glutennetzwerk. Dadurch wird zusätzlich Luft eingearbeitet.
Richtige Hydratation Das Arbeiten mit unterschiedlichen Wasseranteilen hilft dabei, die gewünschte Porung zu erreichen.
Lange Gärzeiten Um eine optimale Porung zu erzielen, sollte genügend Zeit für die Gärung eingeplant werden, oft über Nacht im Kühlschrank.

Faktor Zeit

Beim Backen ist Zeit eine der wichtigsten Zutaten. Sie beeinflusst alles – von der Teigstruktur bis zum Geschmack. Die wichtigsten Aspekte dabei sind:

Gärzeit Die Gärung ist entscheidend für die Krume. Je länger der Teig gärt, desto luftiger und aromatischer wird er. Ich achte darauf, dem Teig genügend Zeit zum Gehen zu geben.
Ruhezeit Nach dem Kneten braucht der Teig Ruhe. Diese Phase entspannt das Glutennetzwerk und macht den Teig leichter formbar und elastischer.
Backzeit Die Backzeit bestimmt die Kruste. Eine zu kurze Backzeit führt zu einer weichen, teigigen Kruste, während eine zu lange Backzeit das Brot austrocknen kann. Ich backe mit hoher Anfangstemperatur und achte darauf, die Backzeit genau einzuhalten.

Zeit ist beim Backen wirklich dein bester Freund– so erreichst du mit Geduld und der richtigen Zeitplanung die perfekte Balance zwischen Krume und Kruste.

Backprozente: Warum das alles ganz einfach macht

Backprozente sind ein geniales System, das das Backen unglaublich einfach und präzise macht. Dabei werden alle Zutaten im Verhältnis zum Mehlgewicht berechnet, das immer 100 % beträgt. So kann ich Rezepte leicht skalieren und anpassen.

Warum Backprozente so nützlich sind

Einfache Skalierung Egal, ob du eine kleine oder große Menge backen möchtest – mit Backprozenten kannst du die Rezeptur problemlos anpassen.
Präzision Mit diesem System kann man die Hydratation und den Triebmittelanteil exakt kontrollieren, um die gewünschte Teigkonsistenz und Porung zu erreichen.
Vergleichbarkeit Verschiedene Rezepte lassen sich leicht vergleichen und anpassen, da alle Zutaten in Bezug auf das Mehl angegeben sind.

So funktionieren Backprozente

Mehl = 100 % Das Gewicht des Mehls ist die Basis für alle Berechnungen.
Wasseranteil Wenn man 60 % Wasser hinzufügt, bedeutet das, dass man 60 g Wasser pro 100 g Mehl verwendet.
Hefe und Salz Zum Beispiel kann man 2 % Salz und 1 % Hefe verwenden, also 2 g Salz und 1 g Hefe pro 100 g Mehl.

Mit Backprozenten kann man Rezepte präzise und konsistent gestalten – und das hilft, jedes Mal perfekte Backwaren zu zaubern. Dieses System macht das Backen also nicht nur einfacher, sondern auch erfolgreicher.

Hydratation

Hydratation ist der Schlüssel zu einem perfekten Teig und das Beste daran: Es ist ganz einfach zu verstehen! Die Hydratation gibt an, wie viel Wasser im Verhältnis zum Mehl im Teig verwendet wird. Sie wird in Prozent ausgedrückt.

Warum ist Hydratation wichtig?

Teigkonsistenz Die Hydratation beeinflusst die Konsistenz des Teiges. Ein höherer Wasseranteil macht den Teig weicher und luftiger, während ein niedrigerer Anteil für einen festeren und kompakteren Teig sorgt.
Krume und Kruste Die richtige Hydratation sorgt für eine perfekte Balance zwischen einer luftigen Krume und einer knusprigen Kruste.

So funktioniert Hydratation

Grundformel Die Mehlmenge ist immer 100 %. Wenn 60 % Hydratation gewünscht sind, bedeutet das, du verwendest 60 g Wasser pro 100 g Mehl.
Einfach anpassen Willst du den Teig weicher und luftiger? Dann erhöhe die Hydratation. Soll er fester sein? Verringere einfach den Wasseranteil. Du kannst das Rezept ganz leicht anpassen, indem du die Hydratation veränderst.

BEISPIELE
60 % Hydratation Für 500 g Mehl verwendest du 300 g Wasser (60 % von 500 g).
70 % Hydratation Für 500 g Mehl verwendest du 350 g Wasser (70 % von 500 g).

Mit der Hydratation kannst du spielend leicht die Teigstruktur verändern und deine Backwaren optimieren. Es ist ein einfaches, aber mächtiges Werkzeug, das dir hilft, jedes Mal perfekte Ergebnisse zu erzielen. Aber Achtung: Je höher der Wasseranteil, desto schwieriger wird die Verarbeitung.

Equipment

Das richtige Equipment ist einer der Schlüssel zum perfekten Backen. Und keine Sorge – es ist ganz einfach! Mit der folgenden Grundausstattung kannst du Großartiges zaubern:

Essenzielles Equipment

Backstein oder Backstahl Diese sorgen für eine hohe, gleichmäßige Hitze und eine perfekt knusprige Kruste. Ein Must-have für jedes gutes Gebäck.

Teigkarte Eine Teigkarte hilft dir, den Teig leicht zu bearbeiten und zu formen. Sie ist unverzichtbar, um klebrigen Teig von der Arbeitsfläche zu lösen oder ihn in passende Stücke zu teilen.

Küchenwaage Präzises Abwiegen der Zutaten ist unverzichtbar für gleichbleibend gute Ergebnisse. Eine Küchenwaage ist ein einfaches, aber sehr nützliches Werkzeug.

Brot-/ Pizzaschieber Mit einem Brot- oder Pizzaschieber kannst du das Gebäck leicht in den Ofen schieben und wieder herausholen.

Gärkörbchen Wenn du Brot backst, hilft ein Gärkörbchen dabei, dem Teig eine schöne Form zu geben und ihn gleichmäßig gehen zu lassen.

Backpapier Verwende am besten besonders hitzebeständiges Backpapier, das Temperaturen bis 220 °C standhält.

Zusätzliche Helfer

Küchenmaschine Eine Küchenmaschine spart dir Zeit und Mühe beim Kneten des Teiges, besonders bei großen Mengen.

Infrarot-Thermometer Ein Thermometer hilft dir, die richtige Backtemperatur zu überwachen und sicherzustellen, dass dein Gebäck perfekt gebacken wird. Außerdem kannst du damit die Temperatur beim Kneten kontrollieren.

Mit dieser einfachen, aber effektiven Ausstattung wird das Backen zum Kinderspiel. Du wirst sehen, wie leicht es ist, großartige Ergebnisse zu erzielen, wenn du das richtige Equipment verwendest. Probiere es aus und entdecke, wie viel Spaß das Backen machen kann, wenn du gut ausgestattet bist!

TIPP

Alternativ zu Pizzaschieber und Gärkörbchen kannst du auch einfach ein Holzbrett zum Gleiten benutzen und den Brotteig in einem mit einem Geschirrtuch ausgelegten Nudelsieb reifen lassen. So habe ich auch angefangen.

SOEHNLE

Temperaturen und was sie bewirken

Temperaturen sind beim Backen entscheidend. Die richtige Temperatur beeinflusst, wie dein Teig aufgeht, welche Textur er bekommt und wie deine Backwaren am Ende schmecken. Hier erkläre ich dir, worauf du achten musst – es ist ganz einfach!

Warum sind Temperaturen wichtig?

Die Temperatur bestimmt, wie der Teig aufgeht und welche Textur er bekommt. Höhere Temperaturen beschleunigen die Gärung, während niedrigere Temperaturen die Aromenentwicklung fördern. Mit dem richtigen Verständnis für Temperaturen kannst du ganz einfach die besten Backergebnisse erzielen. Es ist wirklich keine Hexerei – ein bisschen Wissen reicht aus, um wunderbare Backwaren herzustellen!

WIE ENTWICKELT SICH DER TEIG BEI UNTERSCHIEDLICHEN TEMPERATUREN?

Raumtemperatur (20–24 °C) Bei Raumtemperatur geht der Teig gleichmäßig auf. Die Hefe arbeitet moderat und entwickelt gute Aromen. Der Teig wird luftig und hat eine schöne Struktur.

Kühlschrank (4–8 °C) Eine kalte Gärung im Kühlschrank verlangsamt die Hefetätigkeit. Der Teig braucht länger, um aufzugehen, aber er entwickelt tiefere, komplexere Aromen. Ideal für eine lange Gärung über Nacht.

Warme Umgebung (25–30 °C) In einer warmen Umgebung geht der Teig schnell auf. Das kann praktisch sein, wenn du es eilig hast.

Hefemenge anpassen

Bei Wärme Wenn es warm ist, reduziere die Hefemenge. Ein Drittel bis die Hälfte der üblichen Menge reicht oft aus, um zu verhindern, dass der Teig zu schnell aufgeht und übergärt.

Bei Kälte Wenn es kalt ist, erhöhe die Hefemenge leicht. 1,5-mal bis doppelt so viel Hefe hilft dem Teig, trotz der niedrigen Temperaturen gut aufzugehen.

Gehzeiten einhalten

Es ist ratsam, die in den Rezepten angegebenen Gehzeiten genau zu beachten, um die beste Teigstruktur und den besten Geschmack zu erzielen. Ein zu kurzer oder zu langer Gärprozess kann das Ergebnis negativ beeinflussen.

Brot einfrieren und auftauen

1. Einfrieren

Lasse das frische Brot unbedingt erst komplett auskühlen. Lege es dann in einen Gefrierbeutel und verschließe diesen gründlich, um das Brot vor Gefrierbrand zu schützen.

2. Vakuumieren (optional)

Um das Brot noch länger frisch zu halten, kannst du es nach dem Einfrieren vakuumieren. Verwende dazu einen Vakuumierer, um Luft und Feuchtigkeit zu entfernen, was die

Frische des Brotes bewahrt. Das Einfrieren davor ist notwendig, damit das Vakuum das Brot nicht zerdrückt.

3. Auftauen
Um das Brot aufzutauen, nimm es einfach aus dem Gefrierschrank und lasse es bei Raumtemperatur oder im Kühlschrank langsam auftauen. Vermeide es, direkt in der Mikrowelle aufzutauen, da dies die Textur beeinträchtigen kann.

Wenn du diese Tipps befolgst, hast du auch über einen längeren Zeitraum immer frisches und leckeres Gebäck im Vorrat. Probiere es aus.

MEHL

In diesem Buch arbeite ich ausschließlich mit Weizenmehl Type 00. Aber keine Sorge – ich verrate dir bei jedem Rezept, welches Mehl du alternativ nehmen kannst, um gute Ergebnisse zu erzielen. Das richtige Mehl ist entscheidend für deine Backkünste. Lass uns daher die wichtigsten Mehltypen durchgehen, damit du immer das passende Mehl zur Hand hast.

Warum ist die Wahl des Mehls wichtig?

Textur und Geschmack Unterschiedliche Mehltypen verleihen deinen Backwaren unterschiedliche Texturen und Geschmacksprofile. Das richtige Mehl sorgt dafür, dass dein Gebäck perfekt gelingt.
Backeigenschaften Jede Mehltype hat seine eigenen Eigenschaften, die sich auf das Aufgehen des Teiges und die Struktur der Krume auswirken.

Wie gute Mehle das Ergebnis verändern

Hast du dich schon mal gefragt, warum das richtige Mehl so wichtig für perfekte Backergebnisse ist? Hier findest du die Antworten!

Warum sind gute Mehle wichtig?
Proteingehalt Der Proteingehalt im Mehl beeinflusst die Elastizität des Teiges. Mehle mit höherem Proteingehalt (wie das italienische Type 00) eignen sich gut für diverse Gebäcke, weil sie eine starke Struktur fördern.

Wasseraufnahme Jedes Mehl hat eine unterschiedliche Fähigkeit, Wasser aufzunehmen. Hochwertige Mehle können viel mehr Wasser absorbieren.
W-Wert Der W-Wert (siehe auch S. 139) gibt an, wie stark das Mehl ist. Ein höherer W-Wert bedeutet mehr Elastizität und Stabilität im Teig. Ebenfalls entscheidend sind hier Reifezeit und die Wasseraufnahme. Je höher der W-Wert, desto längere Reifezeiten sind möglich.
Geschmack Gute Mehle haben oft einen intensiveren Geschmack, der sich positiv auf deine Backwaren auswirkt. Sie bringen die Aromen besser zur Geltung und machen jedes Gebäck zu einem Geschmackserlebnis.

Mit gutem Mehl kannst du wirklich das Beste aus deinen Backkreationen herausholen. Es ist nicht nur eine Frage des Geschmacks, sondern auch der Textur und des Erlebnisses beim Backen. Also, worauf wartest du noch? Starte dein nächstes Backabenteuer mit dem richtigen Mehl und beeindrucke deine Gäste mit perfektem Gebäck.

PRAKTISCHE TIPPS

Qualität wählen Achte beim Mehlkauf auf Qualität. Mehle aus traditionellen Mühlen sind oft hochwertiger und bringen bessere Backergebnisse.
Experimentiere Probiere verschiedene Mehle aus und finde heraus, welches für deine speziellen Rezepte am besten geeignet ist. Es lohnt sich, ein wenig zu experimentieren!

Type 00 – der Allrounder

Das ist das Mehl, das die Leidenschaft zum Backen in mir erst richtig geweckt hat: Weizenmehl Type 00 – der Alleskönner. Lass mich dir erklären, warum dieses Mehl so vielseitig und daher für alle deine Backabenteuer geeignet ist.

Warum ist Type 00 Mehl so besonders?

Proteingehalt Type-00-Mehl hat einen hohen Proteingehalt, der es ideal für nahezu alle Rezepte macht – von gutem Gebäck bis hin zu Pizza oder auch Pasta.
Wasseraufnahme Es absorbiert viel Wasser, was für eine gleichmäßige Teigkonsistenz und ein perfektes Backergebnis sorgt. Auch verzeiht es viele Fehler.
W-Wert Der W-Wert zeigt die Stabilität des Teiges an. Der W-Wert von Weizenmehl Type 00 liegt zwischen 180 und 250, was es besonders geeignet macht für elastische Teige.
Mahlgrad Type-00-Mehl ist fein gemahlen und garantiert so eine zarte Textur in all deinen Backwaren.

Was bedeutet Type 00?

Type-00-Mehl entspricht in etwa dem deutschen Weizenmehl Type 405. Es ist fein gemahlen und hat einen niedrigen Aschegehalt. Mehle mit einer niedrigen Typenzahl wie 00 oder 405 haben zudem einen geringen Mineralstoffgehalt, sie sind sehr hell. Je höher die Type, desto mineralstoffreicher und dunkler ist das Mehl.

Type-00-Mehl ist der Geheimtipp für jedes Backabenteuer. Es garantiert dir beste Ergebnisse, egal ob du eine Pizza aus dem Steinofen, frische Pasta oder zartes Gebäck zubereitest.

Also, worauf wartest du noch? Hol dir Type 00 Mehl und entdecke die unendlichen Möglichkeiten in deiner Küche!

Weizenmehl Teichners' Beste, Type 00

In unser hauseigenes, in Italien produziertes Weizenmehl Type 00 ist besonders viel Entwicklung und Liebe geflossen. Es bildet mit einem Proteingehalt von 13 % starke Klebereiweißketten, die den Teig besonders stabil und reißfest machen. Außerdem eignet sich unser Type-00-Mehl dank des hohen W-Werts von 230–250 perfekt für lange Teigführungen von 24 bis 48 Stunden. Unser Mehl verträgt darüber hinaus viel Wasser, sodass es ideal für Backwaren wie Focaccia und Ciabatta geeignet ist. Entdecke weitere Produkte, Tipps und Tricks auf www.teichners.de

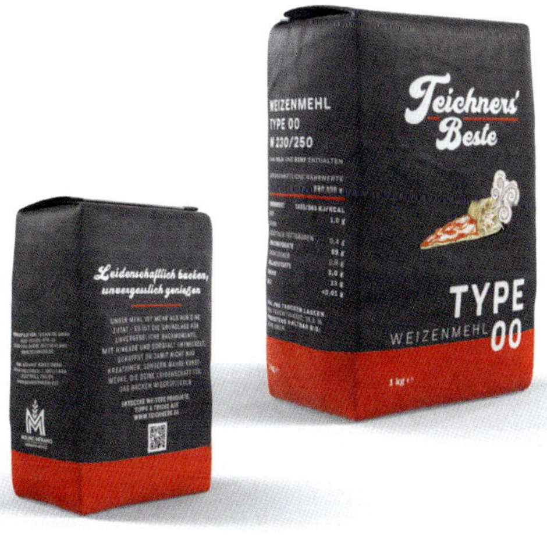

Weitere Mehltypen

Type 405 Weizenmehl Type 405 – das Standardmehl für feines Gebäck. Es ist sehr fein gemahlen und im Grunde die deutsche Entsprechung des italienischen Weizenmehls Type 00.
Type 550 Dieses Weizenmehl hat einen höheren Klebergehalt als Type 405 und eignet sich daher hervorragend für Hefeteige, Brötchen und Baguettes. Es gibt deinen Backwaren mehr Stabilität und Volumen.
Type 812 Ein etwas dunkleres Weizenmehl mit mehr Mineralstoffen. Es ist ideal für Mischbrote und verleiht ihnen einen herzhaften Geschmack sowie eine gute Struktur.
Type 1050 Ein kräftigeres Weizenmehl, das oft für rustikale Brote verwendet wird. Es hat einen hohen Mineralstoffgehalt und verleiht Broten eine schöne Krume und kräftigen Geschmack.
Vollkornmehl Hier wird das ganze Korn vermahlen, was zu einem hohen Gehalt an Ballaststoffen und Nährstoffen führt. Es ist ideal für Vollkornbrote und gibt ihnen eine dichte, kräftige Struktur.
Dinkelmehl Eine Alternative zu Weizenmehl mit einem leicht nussigen Geschmack. Es kann in vielen Rezepten anstelle von Weizenmehl verwendet werden und ist in verschiedenen Typen erhältlich (z. B. Type 630).
Semola Semola rimacinata ist ein fein gemahlener Hartweizengrieß, der aus speziell ausgewähltem Hartweizen hergestellt wird. Durch das mehrfache Mahlen entsteht eine feine Textur, die ideal für die Herstellung von Teigen ist. Besonders oft wird sie für Pasta, wie Orecchiette oder Cavatelli, verwendet, aber auch für Brot oder Pizzateig. Dank ihrer feinen Körnung verleiht sie Teigen eine leicht goldene Farbe und eine feste, dennoch elastische Konsistenz. Das Mehl eignet sich auch sehr gut zum Bestäuben der Arbeitsfläche, da es ein Ankleben des Teiges verhindert.

PRAKTISCHE TIPPS

Kombinieren Du kannst verschiedene Mehltypen kombinieren, um die gewünschten Ergebnisse zu erzielen. Zum Beispiel kannst du Type 550 mit Vollkornmehl mischen, um ein Brot mit guter Struktur und vollem Geschmack zu backen.
Lagerung Bewahre dein Mehl trocken und kühl auf, um Frische und die optimalen Backeigenschaften zu erhalten.

Der W-Wert einfach erklärt

Der W-Wert ist eine wichtige Kennzahl für Mehle und hat einen bedeutenden Einfluss auf die Beschaffenheit deiner Teige.

Was ist der W-Wert?

Der W-Wert eines Mehls ist der Wasseraufnahmekoeffizient, der angibt, wie viel Wasser das Mehl binden kann. Dabei ist der Proteingehalt ausschlaggebend. Ein Teig, der aus einem Mehl mit hohem W-Wert hergestellt wurde, geht langsam auf, entwickelt ein stabiles, elastisches Klebereiweißgerüst (Glutengerüst) und erreicht beim Aufgehen ein großes Volumen, ohne zusammenzufallen oder aufzuplatzen. Deshalb werden Mehle mit hohem W-Wert auch „backstark" genannt.

Der W-Wert gibt also an, wie stark das Klebergerüst (Glutengerüst) des Mehls ist. Je höher der W-Wert des Mehls, desto elastischer und stabiler ist der Teig und desto länger kann man ihn auch reifen lassen.

Warum ist der W-Wert wichtig?

Bei Mehlen (wie z. B. Type 00) ist ein höherer W-Wert ideal. Er sorgt dafür, dass der Teig gut aufgeht, sich leicht formen lässt und dennoch die gewünschte Struktur behält.

Der W-Wert ist dein Schlüssel zu fantastischen Backergebnissen! Mit diesem Wissen kannst du sicherstellen, dass deine Teige immer gelingen.

PRAKTISCHE ANWENDUNG

Um ein gutes Backergebnis zu erzielen, ist ein W-Wert zwischen 180 und 380 ideal. Für Gebäck wie Ciabatta oder Focaccia empfehle ich Mehl mit einem besonders hohen W-Wert.

Beliebte 00-Weizenmehle und ihre wichtigsten Eigenschaften

Herstellername	Produktname	Type	Proteingehalt	W-Wert	**empfohlene Wassermenge** in Bezug auf Mehlmenge	**empfohlene Ruhezeit** für Teigfermentation
Teichners	Teichners' Beste	00	13 %	230–250	65 %	ab 24 Stunden
Caputo	Cuoco	00	13 %	300–320	60 %	ab 24 Stunden
Caputo	Classica Blu	00	11,5 %	200–230	55 %	24 Stunden
Caputo	Pizzeria Tradizionale	00	12–12,5 %	250–260	60 %	24 Stunden
Frießinger Mühle	La Farina 14	00	13–14 %	350–360	60 %	ab 24 Stunden
Frießinger Mühle	Farina speciale per Pizza	00	12 %	270–310	55 %	24 Stunden
Molino Dallagiovanna	leDivine – Anna	00	15 %	380	70 %	ab 24 Stunden
Molino Dallagiovanna	la Napoletana	00	12 %	310	55 %	24 Stunden
Le 5 Stagioni	Napoletana	00	13 %	300	60 %	24 Stunden

HEFE

TROCKEN ODER FRISCH?

Wenn es um Hefe geht, stehst du vielleicht vor der Frage: trocken oder frisch? Lass mich dir helfen, die richtige Wahl zu treffen!

Trockenhefe

Lange Haltbarkeit Trockenhefe hat eine lange Haltbarkeit und ist einfach zu lagern. Perfekt, wenn du nicht oft backst, aber immer Hefe zur Hand haben möchtest.
Einfache Dosierung Du kannst Trockenhefe direkt zum Mehl geben oder sie vorher in Wasser auflösen. Sie ist praktisch und unkompliziert.

Frischhefe

Natürliches Aroma Frischhefe verleiht deinem Teig ein intensives, natürliches Aroma und kann besonders bei langen Gehzeiten für bessere Ergebnisse sorgen.
Schnelle Aktivierung Sie beginnt schnell zu arbeiten und sorgt dafür, dass dein Teig schnell aufgeht – also ideal für spontane Backprojekte.

Du siehst, beide Hefesorten haben ihre Vor- und Nachteile. Ich persönlich bin ein Fan von frischer Hefe. Von Trockenhefe wurde ich leider oft enttäuscht. Wenn du mit Trockenhefe arbeiten möchtest, stelle vorher sicher, dass sie auch wirklich aktiv ist. Dafür verrühre etwas Mehl, lauwarmes Wasser, Zucker und Trockenhefe und lasse die Mischung 15 Minuten stehen. Wenn sie dann Blasen wirft, ist sie aktiv und du kannst sie mit gutem Gewissen für deine Teige verwenden.

TIPP

Du kannst alle meine Teigrezepte auch mit trockener Hefe herstellen. Da Trockenhefe stärker dosiert ist, muss davon immer nur ein Drittel der frischen Hefemenge benutzt werden.

Kleine Hefemengen abwiegen

Zum Abwiegen von sehr kleinen Hefemengen brauchst du eine Feinwaage. Falls keine verfügbar ist, kannst du dich an dieser Faustregel orientieren:

0,2 g frische Hefe entspricht ungefähr 2 Reiskörnern	0,2 g
0,5 g frische Hefe entspricht ungefähr ½ Erbse	0,5 g
1 g frische Hefe entspricht ungefähr 1 Erbse	1,0 g

Warum es mit wenig Hefe besser schmeckt

Das Geheimnis für einen richtig guten Teig? Wenig Hefe und viel Zeit.

Geschmackliche Tiefe Weniger Hefe bedeutet, dass der Teig langsamer gärt. Und es bedeutet auch weniger Hefegeschmack – den eigentlich niemand mag. Und was heißt nun genau „wenig Hefe"? Auf Mehlverpackungen steht oft: 1 Würfel (42 g) pro Kilo. Damit geht der Teig schnell auf, er schmeckt aber nicht besonders angenehm. 1 Würfel genügt meiner Meinung nach auch für 40 Kilo Mehl – dann geht das Brot schön langsam und schmeckt nicht nach Hefe. Halte dich einfach an die Mengen, die ich in den Rezepten angegeben habe.
Bessere Textur Ein Teig mit wenig Hefe hat eine bessere Textur. Er wird luftiger, elastischer und bekommt eine schönere Kruste.
Verträglichkeit Weniger Hefe macht den Teig auch leichter verdaulich und verträglicher für den Magen.
Geduld ist der Schlüssel Gib deinem Teig Zeit zum Gehen. Weniger Hefe bedeutet nicht weniger Aufgehen, sondern eine langsamere und bessere Entwicklung.
Planung ist wichtig Plane so, dass der Teig genug Zeit hat, seine Aromen zu entfalten.

FAZIT

Weniger ist manchmal mehr, besonders wenn es um Hefe geht. Mit einer kleinen Menge Hefe zauberst du Teige mit viel Geschmack und einer perfekten Textur. Der Aufwand für einen guten Teig ist der gleiche wie für einen schlechten. Planung ist der Schlüssel!

In diesem Buch findest du auch einige Rezepte mit mehr Hefe und dafür einer kürzeren Reifezeit. Möchtest du lieber weniger Hefe benutzen? Dann reduziere die Hefemenge um ein Drittel und lasse die Teigrohlinge luftdicht verschlossen in einem Leinen- oder Küchentuch im Kühlschrank 9 bis 16 Stunden reifen. So hat der Teig auch mit einer geringeren Hefemenge genügend Zeit, ein gutes Aroma zu entwickeln.

Für den Geschmack: Poolish-Vorteig

In meinen Rezepten arbeite ich sehr gerne mit einem sogenannten Poolish-Vorteig. Der Poolish stammt ursprünglich aus Polen, wo er in der traditionellen polnischen Bäckerei verwendet wurde. Dieser Vorteig wurde später von französischen Bäckern weiterentwickelt und in die französische Bäckerkunst integriert.

Was ist ein Poolish-Vorteig?

Ein Poolish ist ein einfacher Vorteig aus Mehl und Wasser zu gleichen Teilen und einer winzigen Menge Hefe. Durch eine lange Ruhezeit entwickelt er ein intensives Aroma. Das ist entscheidend. Wenn du dir einmal eingeprägt hast, wie der Poolish gemacht wird, ist er immer im Handumdrehen gemacht. Die Menge an Poolish kann im Verhältnis zum Restteig variiert werden – Grundregel: je mehr Poolish, um so mehr Geschmack.

Warum ist der Poolish-Vorteig so besonders?
Aromatische Tiefe Die lange Fermentation im Poolish bringt komplexe Aromen hervor, die deinem Teig einen unvergleichlichen Geschmack geben.
Bessere Textur Der Teig wird elastischer und bekommt eine herrlich knusprige Kruste.

SO GEHT´S:
Vorbereitung ist alles Bereite deinen Poolish am Vorabend zu und lasse ihn über Nacht ruhen. Am nächsten Tag hast du einen perfekten Vorteig für deine Backwaren.
Experimentiere Variiere die Zeit und die Menge an Hefe im Poolish, um den Geschmack und die Textur des Teiges zu perfektionieren.

Mit einem Poolish-Vorteig hebst du deine Backkunst auf ein neues Level. Genieße die intensiven Aromen und die perfekte Textur deiner selbst gemachten Teige! Mit dem Poolish bekommt man mit verhältnismäßig wenig Aufwand richtig tolles Gebäck.

Weitere Vorteige: Tangzhong und Autolyse
Zwei besonders interessante Techniken für Vorteige sind Tangzhong und Autolyse. Diese Methoden verbessern nicht nur die Textur und den Geschmack des Endprodukts, sondern beeinflussen auch den Backprozess selbst. Tangzhong ist ein asiatisches Prinzip, das für besonders fluffige und weiche Brote sorgt, die Autolyse eine Technik, die vor allem die Teigentwicklung und -struktur optimiert. Schauen wir uns beides doch etwas genauer an:

Tangzhong Tangzhong, auch bekannt als „Wasser-Roux" oder „Mehl-Kochstück", ist eine Technik, die ursprünglich aus Japan kommt und in der asiatischen Bäckerei weit verbreitet ist. Es sorgt dafür, dass das Gebäck unglaublich saftig und weich wird, da es viel Wasser speichern kann. Das Ergebnis ist ein weiches, fluffiges und länger frisches Gebäck.

Dabei nimmt man einen Teil des Mehls und kocht es mit Wasser und/oder Milch, bis eine puddingartige Paste entsteht. Achtung: Das Mehl bindet die Flüssigkeit schnell– es ist daher wichtig, den Tangzhong unter Rühren herzustellen, damit sich keine Klümpchen bilden und nichts anbrennt.
Autolyseteig Für eine Autolyse werden Mehl und Wasser (normalerweise) ohne Zugabe von Triebmitteln vermischt. In der anschließenden Ruhephase, die 20–60 Minuten dauert, hydratisiert das Mehl und beginnt, ein Klebereiweiß- bzw. Glutengerüst aufzubauen. Damit erhält der Teig eine bessere Struktur sowie Textur und muss auch nicht mehr so lange geknetet werden. Autolyseteige sind einfach zu handhaben und in recht kurzer Zeit einsatzbereit.

SAUERTEIG

Warum ist Sauerteig bekömmlicher als Hefeteig?

Natürliche Fermentation Sauerteig entsteht durch die natürliche Fermentation von Mehl und Wasser mit wilden Hefen und Milchsäurebakterien. Diese Prozesse machen den Teig leichter verdaulich.
Gesunde Darmflora Die Milchsäurebakterien im Sauerteig unterstützen eine gesunde Darmflora und können dabei helfen, Nährstoffe besser aufzunehmen.
Reduzierte Glutenbelastung Durch die lange Teigruhezeit und die enzymatische Aktivität im Sauerteig kann Gluten teilweise abgebaut werden. Das kann Sauerteiggebäck für Menschen, die empfindlich auf Gluten reagieren, verträglicher machen.
Selbst gemacht Du kannst Sauerteig ganz einfach zu Hause herstellen (siehe rechte Seite) und für vielfältige Backwaren verwenden.
Gesundheitlicher Vorteil Wenn du auf deine Verdauung achten möchtest oder empfindlich auf herkömmliche Hefeteige reagierst, ist Sauerteig eine großartige Alternative.
Voller Geschmack Sauerteig ist nicht nur gut für deinen Magen und deine Verdauung, sondern bringt auch zusätzlich Geschmack und Textur in deine Backwaren.

Warum hält Sauerteigbrot länger frisch?

Säuerliche Umgebung Die Säure im Sauerteig wirkt konservierend und verlangsamt das Wachstum von Schimmel. Dadurch bleibt dein Brot länger frisch und genießbar.
Feuchtigkeit Sauerteig hält das Brot länger saftig, da er Feuchtigkeit im Teig bindet und so das Austrocknen verhindert.
Natürliche Konservierung Durch die Fermentation mit Milchsäurebakterien entstehen natürliche Konservierungsstoffe, die die Haltbarkeit des Brotes verlängern.

Welchen Sauerteig wofür?

Welchen Sauerteig du für welches Brot oder Gebäck verwenden sollst, erfährst du hier.

Weizen-Sauerteig Ideal für klassische Brote wie Baguettes, Ciabatta, Pizza oder Vollkornbrote. Er verleiht einen milden Geschmack und eine lockere Krume.
Roggen-Sauerteig Perfekt für dunkles Brot wie Roggenbrot, Pumpernickel oder Roggenbrötchen. Er sorgt für ein kräftiges Aroma und eine kompakte Krume.
Misch-Sauerteig Eine Mischung aus Weizen und Roggen, geeignet für vielseitige Backwaren wie Mischbrote, Bauernbrote, Pizza oder süße Teige. Er kombiniert die besten Eigenschaften beider Mehlsorten.

Ich arbeite immer mit einem einfachen Weizen-Sauerteig. Mit dem richtigen Sauerteig kannst du den Geschmack und die Qualität deiner Backwaren auf ein neues Level heben!

TIPP

Anpassung nach Geschmack Experimentiere mit den Anteilen von Weizen- und Roggenmehl, um den Geschmack und die Textur deines Sauerteiges zu variieren.
Individuelle Rezepte Wähle den Sauerteig, der am besten zu deinem gewünschten Brot oder Gebäck passt, und freue dich darüber, wie deine Backkreationen noch besser werden.

Sauerteig ansetzen: So geht's

Um einen Sauerteig anzusetzen, benötigt man nur zwei Zutaten: Mehl und Wasser. Dafür ist Biomehl ideal, da es mehr Mikroorganismen wie Hefepilze (wilde Hefe) und Milchsäurebakterien enthält, die für die Fermentation verantwortlich sind, sowie mehr Nährstoffe, die die Entwicklung der Sauerteigkultur fördern. Während der Fermentation entwickeln sich komplexe Aromen, die den kräftigeren Geschmack der Teigwaren prägen. Man kann Sauerteig zwar kaufen, aber das Ergebnis wird um Meilen besser sein, wenn du ihn selbst ansetzt. Und wie einfach das geht, zeige ich dir auf der nächsten Seite.

Tag 1: Mischen und ruhen lassen

1. In einem hohen Schraubglas 50 g Weizenmehl Type 550 (idealerweise Biomehl) und 50 g kaltes Wasser (idealerweise 5–6 °C) gründlich mit dem Kochlöffel vermengen, bis eine homogene Masse entsteht.
2. Das Schraubglas mit dem passenden Deckel abdecken, aber nicht zuschrauben, sondern den Deckel nur auflegen. Dann bei Raumtemperatur ca. 24 Stunden ruhen lassen.

Tag 2–4: Füttern

1. 50 g Weizenmehl Type 550 (idealerweise Biomehl) und 50 g kaltes Wasser (idealerweise 5–6 °C) zur Masse im Schraubglas hinzufügen.
2. Alles gut vermengen und erneut locker abgedeckt 24 Stunden an einem warmen Ort (idealerweise 24–28 °C) ruhen lassen.

Tag 5: aktiver Sauerteig

Nun sollte der Sauerteigansatz säuerlich riechen, aktiv sein und etwas blubbern. Dieses sogenannte Anstellgut kann man nun zum Backen benutzen oder weiterfüttern und so lebendig halten.

Tricks für gutes Gelingen im Ansatz

1. Richtige Mehlsorte wählen

Verwende hochwertiges Biomehl wie Roggen-, Weizen- oder Vollkornmehl für einen Sauerteigansatz. Biomehle enthalten mehr Nährstoffe als konventionelle und unterstützen das Wachstum von wilden Hefen.

2. Zeit und Geduld

Gebt eurem Sauerteig genug Zeit zum Entwickeln. Langsame Fermentation über mehrere Stunden oder sogar Tage kann den Geschmack und die Textur verbessern.

3. Regelmäßiges Füttern

Füttert euren Sauerteig regelmäßig, um die Aktivität der Mikroorganismen aufrechtzuerhalten. Das bedeutet, regelmäßig einen Teil des Sauerteiges abnehmen und mit frischem Mehl und Wasser füttern.

4. Optimale Temperatur

Achtet auf die Umgebungstemperatur. Idealerweise sollte der Sauerteig bei Raumtemperatur (20–25 °C) gehalten werden, um eine gesunde Fermentation zu fördern.

Anstellgut

Was ist Anstellgut?
Das Anstellgut ist der Sauerteigansatz, der lebendige Starter für euren Sauerteig. Es besteht aus einer Mischung aus Mehl und Wasser, in der wilde Hefen und Bakterien aktiv sind.

Warum ist Anstellgut wichtig?
Es bildet die Basis für jede neue Sauerteigkultur. Durch regelmäßiges Füttern und Pflegen entwickelt sich das Anstellgut weiter und verleiht eurem Brot einen einzigartigen Geschmack und eine tolle Textur.

TIPPS FÜR ANSTELLGUT

Achte auf die Konsistenz Das Anstellgut sollte eine teigige, aber dennoch flüssige Konsistenz haben, die leicht sprudelt und Blasen bildet.
Lagerung Bewahrt das Anstellgut in einem luftdichten Behälter im Kühlschrank auf, wenn ihr es nicht täglich verwendet.

Rettung für den Sauerteigansatz

Manchmal kann es passieren, dass der Sauerteigansatz etwas schwächelt. Keine Sorge, ich hab ein paar Rettungstricks für euch!

1. Auffrischen
Nehmt einen kleinen Teil eures Sauerteigansatzes und füttert ihn großzügig mit frischem Mehl und Wasser. Lasst ihn bei Zimmertemperatur stehen und wiederholt diesen Vorgang über ein paar Tage, bis er wieder aktiv wird.

2. Temperatur anpassen
Manchmal braucht euer Sauerteig einfach eine wärmere Umgebungstemperatur, um aktiv zu werden. Stellt ihn an einen warmen Ort oder in den Backofen, in dem die Beleuchtung eingeschaltet ist. Klemmt einen Küchenschwamm in die Backofentür, damit es nicht zu warm wird im Ofen.

3. Geduld haben
Sauerteig braucht Zeit. Gebt ihm genug Zeit, um sich zu erholen und aktiv zu werden. Oft braucht es ein paar Tage regelmäßiges Füttern und Pflegen, bevor er wieder voll einsatzbereit ist.

Welche Mehle eignen sich für den Sauerteigansatz?
Roggenmehl Roggenmehl ist besonders beliebt für Sauerteigansätze, da es viele natürliche Hefen enthält und sich gut fermentieren lässt.
Weizenmehl Weizenmehl kann ebenfalls für den Sauerteig verwendet werden, besonders wenn es sich um hochwertiges, unverarbeitetes Mehl handelt.

Mit den richtigen Mehlsorten für deinen Sauerteigansatz kannst du die Grundlage für köstliches, selbst gemachtes Gebäck legen. Verwende wenn möglich Biomehle, denn diese besitzen mehr wilde Hefen.

TEIG-KNOW-HOW

Lange und kurze Teigführung

Einer der wichtigsten Faktoren, die das Reifen eines Teiges beeinflussen, ist die Dauer der Ruhephasen. Dabei wird zwischen langer und kurzer Teigführung unterschieden. Je länger der Teig reifen darf, desto luftiger, aromatischer und bekömmlicher wird er, denn ein hochwertiger Teig benötigt Zeit, um sein volles Aroma und die ideale Konsistenz zu entfalten. Achte allerdings auch darauf, den Teig nicht zu lange reifen zu lassen, da er sonst überfermentieren kann und letztendlich zusammenfällt. Kontrolliere also zwischendurch den Reifegrad, zum Beispiel mit dem Drucktest: Für den Drucktest einfach mit dem Zeigefinger vorsichtig in den Teigling drücken. Wenn die Mulde nicht sofort zurückspringt, sondern einige Sekunden braucht, dann ist der Teig ideal, um weiterverarbeitet zu werden.

Knetgrad des Teiges und Fensterprobe

Wie erkennt man, wann der Teig optimal ausgeknetet ist? Hier einige Anhaltspunkte für dich:

Ausgeknetet
Der Teig ist homogen und schön geschmeidig.

Zu wenig geknetet
Der Teig ist inhomogen, nicht geschmeidig genug und reißt schnell.

Überknetet
Der Teig ist sehr klebrig, kleisterartig und beginnt zu glänzen. Das ist ein Zeichen dafür, dass das Teiggerüst wieder abgebaut wird, der Teig verliert seine Stabilität und zerläuft. In einem fortgeschrittenen Stadium ist er dann nicht mehr zu retten. Wenn der Teig sich noch im Übergangsstadium befindet, kann es helfen, ihn 15 Minuten abgedeckt ruhen zu lassen.

Fensterprobe
Mit der sogenannten Fensterprobe kann man prüfen, ob der Teig optimal ausgeknetet und das Teiggerüst stabil ist. Dazu mit beiden Händen vorsichtig etwas vom gekneteten Teig greifen und langsam in die Länge ziehen. Wenn er sich zu einer dünnen, fast durchscheinenden Haut ausziehen lässt, ohne zu reißen, dann ist der Teig perfekt und kann nun gedehnt und gefaltet werden. Dabei spielt es keine Rolle, ob man von Hand oder mit einer Küchen- bzw. Spiralknetmaschine arbeitet.

No-knead-Gebäck

Keine Lust auf Kneten? In diesem Buch findest du auch Rezepte, mit denen du nicht ins Schwitzen kommst.

Was ist No-knead-Backen?
„No knead" bedeutet „ohne Kneten". Diese Methode basiert darauf, das der Teig länger ruht und sich dabei von selbst entwickelt und stärkt.

Wie funktioniert es?
Dazu mischst du einfach alle Zutaten in einer Schüssel zusammen, deckst sie ab und lässt den Teig mehrere Stunden oder über Nacht ruhen. Während dieser Ruhephase entwickelt der Teig von alleine seine Struktur. Durch das darauf folgende Dehnen und Falten wird das Gluten nochmals deutlich gestärkt.

Warum lohnt sich diese Methode?
Das Ergebnis ist ein Gebäck mit einer luftigen Krume und einer knusprigen Kruste, ähnlich wie bei einem Gebäck, das traditionell geknetet wurde – aber ohne den Aufwand!

Was kann man damit machen?
Probiert es mit Brot, Brötchen, Pizza oder andere Backwaren aus. Es ist einfach, praktisch und bringt fantastische Ergebnisse.

No-knead-Gebäck ist die perfekte Lösung für alle, die gutes Gebäck ohne viel Aufwand genießen möchten. Probiert es aus.

Ofentrieb

Wenn der Teig in den heißen Ofen kommt, reagieren die Hefen und Gase im Teig auf die Hitze. Die Hefen arbeiten dann schneller und produzieren mehr Kohlendioxid, was den Teig aufgehen lässt. Gleichzeitig dehnen sich die eingeschlossenen Gase aus. Das Ergebnis: Das Brot bekommt eine luftige Krume und eine schöne, hohe Form.

Ein guter Ofentrieb ist entscheidend für die Textur und das Aussehen des Gebäcks. Ein paar Tricks, um den Ofentrieb zu verbessern: den Teig gut kneten, eine ausreichende Gehzeit einhalten, einen Backstahl oder -stein verwenden und den Ofen richtig vorheizen.

Bedampfen

Bedampfen ist wichtig, um das Backergebnis deutlich zu verbessern.

Was bedeutet Bedampfen?
Beim Bedampfen wird Wasser in den Backofen gegeben, um eine feuchte Umgebung zu schaffen. Das Dampfen hilft dem Gebäck dabei, eine knusprige Kruste zu entwickeln und schön aufzugehen.

Wie funktioniert es?
Stelle eine feuerfeste Schale auf den Boden des Backofens, bevor du den Ofen aufheizt. Nachdem das Gebäck in den Ofen geschoben wurde, wird heißes Wasser in die Schale gefüllt. Wichtig: Nach dem Bedampfen den Ofen sofort schließen, damit der Dampf auch im Ofen bleibt!

Warum ist es wichtig?
Durch das Bedampfen wird die Kruste während des Backens flexibel gehalten, sodass das Gebäck besser aufgehen kann. Außerdem fördert es eine schöne Bräunung und verleiht dem Gebäck eine knackige Textur.

Für welches Gebäck ist es geeignet?
Ideal für Brot, Brötchen und Baguettes. Probier es aus und du wirst den Unterschied sehen und schmecken.

Backen im Topf

Perfektes Brot zu Hause: das Backen im Topf

Was bedeutet Backen im Topf?
Beim Backen im Topf wird das Brot direkt in einem vorgeheizten Topf mit Deckel gebacken. Der Topf schafft eine geschlossene Umgebung, die dem Brot hilft, schön aufzugehen und eine knusprige Kruste zu entwickeln.

Wie funktioniert es?
Heize deinen Topf (am besten einen gusseisernen oder emaillierten Topf) zusammen mit dem Ofen vor. Sobald der Teig bereit ist, setze ihn in den heißen Topf und decke ihn sofort mit dem Deckel ab. Das Brot backt dann im Dampf, der im Topf entsteht.

Was ist das Besondere daran?
Das Backen im Topf ermöglicht eine bessere Kontrolle der Feuchtigkeit und Temperatur, was zu einer gleichmäßigen Kruste und einem perfekten Ofentrieb führt. Dein Brot wird innen schön luftig und außen herrlich knusprig.

Für welches Gebäck ist es geeignet?
Ideal für rustikale Brote, Sauerteigbrote oder auch für Brötchen. Es funktioniert wirklich mit fast jedem Brotteig!

Backen im Topf ist ein einfacher Trick, der großartige Ergebnisse liefert, selbst wenn du kein erfahrener Bäcker bist.

HINWEIS

Bei der Verwendung eines gusseisernen Topfes ist es wichtig, im Vorfeld Platz zu schaffen, um ihn sicher abzustellen, wenn du ihn aus dem Ofen holst. Trage dabei unbedingt Ofenhandschuhe, um dich vor Verbrennungen zu schützen.

KNET-TECHNIKEN

Dehnen, falten und Co.

Die meisten Teige hier im Buch werden nach dem Kneten noch gedehnt, gefaltet, rundgewirkt, rundgeschliffen oder mit der Coil-fold-Methode bearbeitet. Was sich hinter diesen Techniken verbirgt und wozu man sie braucht, erfährst du hier detailliert. Der Hauptzweck besteht darin, dem weichen Teig zusätzliche Struktur zu verleihen und seine Stabilität und Elastizität zu erhöhen. Besonders bei weichen Teigen mit hoher Hydratation, also hohem Wasseranteil, kann die Handhabung herausfordernd sein. Es gibt viele Techniken, um stabile Teige und schön gespannte Teiglinge herzustellen. In diesen Anleitungen erkläre ich dir meine bevorzugten Methoden.

Dehnen und falten

Für weiche Teige wie Hefeteig ist das Dehnen und Falten, auch „stretch and fold" genannt, besonders wichtig, denn dadurch wird das Glutengerüst (Klebereiweißgerüst) gestärkt. Man kann sich einen Glutenstrang wie einen dünnen Kupferdraht vorstellen. Zieht man den Draht in die Länge und faltet ihn, so ist er zweilagig und wird stabiler, wiederholt man die Prozedur, verstärkt man das Ergebnis. Im Prinzip das Gleiche passiert beim Dehnen und Falten mit den Klebereiweißketten im Teig. Wiederholt man diese Prozedur, so wird der Teig immer stabiler.

Und so geht es Mit beiden Händen in der Mitte unter den Teig greifen, diesen nach oben ziehen, sodass er sich von der Arbeitsfläche löst und nachgibt, also länger wird. Das untere Ende des Teigs wieder auf die Arbeitsfläche legen und das obere Ende, an dem man den Teig hält, darüberfalten. Anschließend von den anderen beiden Seiten beginnend unter den Teig greifen, sodass er sich beim Aufnehmen sozusagen um 90 Grad dreht, dann leicht anheben und wieder falten. Diesen Vorgang 2–3-mal wiederholen, bis der Teig schön stabil ist.

Entgasen

Das Entgasen beim Backen bezieht sich auf den Vorgang, bei dem Gase, die während der Gärung im Teig entstanden sind, den Teig wieder verlassen. Dies geschieht meist durch sanftes Drücken oder Kneten des Teiges nach der ersten Gärung. So wird verhindert, dass sich große Luftblasen im Teig bilden.

1 **Dehnen und falten**

2

3

4

5

6

1 **Rundwirken**

2

3

4 **Rundschleifen**

5

6

Rundwirken und rundschleifen

Das Rundwirken und -schleifen des Teiglings sorgt für eine ausbalancierte, runde Form. Das ist wichtig, damit das Gebäck gleichmäßig aufgeht und nicht in alle Richtungen verläuft. Eine gespannte Oberfläche hilft dabei, später eine schön reißende und knusprige Kruste zu bilden. Zudem wird beim Rundwirken und -schleifen der Teig verdichtet, was zu einer besseren Krume und einem luftigen, durchgebackenen Ergebnis führt. Ein auf Spannung geschliffener Teigling gärt einheitlich, da die Gase besser verteilt werden, was das Volumen und die Textur des Brotes verbessert. Schließlich unterstützt die Spannung den Ofentrieb, sodass der Teigling im Ofen seine Form besser hält und größer sowie fluffiger wird.

Und so geht es Für das Rundwirken das Teigstück an einer Seite nach außen hin etwas ziehen, nach innen zur Mitte hin einklappen und andrücken, von den anderen drei Seiten überlappend wiederholen und wenden, sodass die Naht unten liegt.

Für das Rundschleifen den Teigling mit beiden Händen umgreifen und mit sanftem Druck in raschem Tempo leicht rotierend über die Arbeitsfläche zu sich ziehen, sodass eine schöne kleine Teigkugel mit glatter Oberfläche und Spannung entsteht.

1 Langwirken
2
3
4
5
6
7
8
9
10
11
12

Schnitttechniken verschiedener Brotformen

Langwirken

Auch bei länglich geformten Backwaren muss der Teig oder der Teigling wie beim Rundwirken auf Spannung gebracht werden, damit er während der Gärung und des Backens eine schöne Form und eine gleichmäßige Krume bekommt. Dabei wird aber nicht rund- sondern langgewirkt, um die richtige Form zu erhalten.

Und so geht es Den Teig erst in eine rechteckige oder auch ovale Form ziehen und dann die kurzen Seiten jeweils zur Mitte hin überlappend einschlagen, sodass zum Schluss drei Lagen Teig übereinanderliegen. Dann den Teig von einer der kurzen Seiten her straff aufrollen und länglich formen.

Schnitttechnik

Bei der Schnittechnik geht es darum, wie du deinem Teig oder deinem Brot vor dem Backen einen Schnitt oder mehrere Schnitte verpasst. Diese Schnitte dienen nicht nur der Optik, sondern haben auch praktische Zwecke: Sie ermöglichen dem Teig, sich während des Backens gleichmäßig auszudehnen, steuern die Formgebung und beeinflussen sogar die Krustenbildung. Ein gut geschnittenes Brot bekommt eine schöne, gleichmäßige Kruste und kann besser aufreißen, was wiederum die Freisetzung von Dampf und eine optimale Backentwicklung fördert.

1 **Coil-fold-Methode**

2

3

4

5

6

Die Coil-fold-Methode
Auch dies ist eine Technik, bei der gefaltet und gedehnt wird. Im Gegensatz zum klassischen Dehnen und Falten wird der Teig bei der Coil-fold-Methode aber nicht so stark ausgezogen oder gedehnt, sondern nur schonend zusammengelegt und andeutungsweise eingerollt. Darauf weist bereits die Bezeichnung hin – „coil" bedeutet auf Englisch „Spule".

Ein Vorteil dieser Technik ist, dass die Gärgase, die während der Stockgare entstehen, dabei schön gleichmäßig im Teig verteilt werden. Gleichzeitig wird frischer Sauerstoff eingearbeitet, was die Hefeaktivität fördert, die Fermentation unterstützt und das Gashaltevermögen des Teiges stärkt. In den Ruhephasen quellen die Mehlanteile weiter auf, und das Gluten entspannt sich.

Durch den intervallartigen Wechsel von schonendem Dehnen und Falten sowie Ruhezeiten erzielt man hervorragende Ergebnisse mit gutem Teigvolumen. Die Coil-fold-Methode ist damit eine äußerst wirkungsvolle Technik, um hochhydratisierte, weiche Teige, also Teige mit hohem Flüssigkeitsgehalt, zu stärken und zu straffen.

Und so geht es Den Teig in eine geölte große Frischhaltebox legen, dann mit beiden angefeuchteten Händen etwa mittig unter den Teig greifen, diesen nach oben ziehen und den vorderen Rand nach unten einfalten. Das Gleiche mit der gegenüberliegenden Seite wiederholen. Die Box um 90 Grad drehen und den Vorgang wiederholen. Je nach Weichheit und Stabilität des Teiges kann dies mehrmals wiederholt werden. Am Ende sollte der Teig eine kompakte, rechteckige Form haben.

GLOSSAR

ANSTELLGUT
Das Anstellgut ist der lebendige Starter für euren Sauerteig. Er besteht aus einer Mischung aus Mehl und Wasser, in der wilde Hefen und Bakterien aktiv sind (S. 148).

AUTOLYSETEIG
Vorteig ohne Backtriebmittel, bei dem in der Ruhephase durch Autolyse die Glutenentwicklung gefördert wird (S. 143).

BACKSTAHL
Ein dickes Metallblech, das beim Backen im Backofen für eine höhere Unterhitze sorgt (S. 132).

BACKPROZENTE
Ein System zur Berechnung der Zutatenmengen im Verhältnis zum Mehlgewicht, das auf 100 % Mehl basiert. Dieses System erleichtert die Skalierung und Anpassung von Rezepten (S. 130 f.).

BACKTEMPERATUR
Die Temperatur, bei der das Brot gebacken wird. Eine hohe Anfangstemperatur fördert die Bildung einer knusprigen Kruste durch schnelle Verdunstung von Wasser und Karamellisierung von Zuckern.

BACKSTEIN
Eine Steinplatte, meist aus Cordierit oder Schamotte bestehend, die im Ofen verwendet wird, um eine gleichmäßige Hitzeverteilung zu gewährleisten und eine knusprige Kruste zu erzeugen (S. 132).

BROT-/PIZZASCHIEBER
Werkzeug zum Einschießen von Teiglingen in den Ofen und zum Herausnehmen; in der Regel mit einem langen Griff und einer flachen Schaufel (S. 132).

COIL-FOLD-METHODE
Eine Knet-Technik, bei der der Teig nicht stark gedehnt und gefaltet, sondern schonend zusammengelegt und andeutungsweise eingerollt wird (S. 161).

DAMPF
Während des Backens wird Wasser in den Ofen gegeben, das dort verdampft. Dadurch verzögert sich die Bildung der Kruste und sie wird dicker und knuspriger (S. 152).

FERMENTATION
Stoffwechselprozess, bei dem Hefe oder Sauerteig den Teig aufgehen lässt, weil Gärungsgase entstehen (S. 144 ff.).

GARE
Siehe Stockgare, Stückgare und reifen lassen.

GLUTEN
Ein Protein im Mehl, auch Klebereiweiß genannt, das viel Wasser binden kann und beim Kneten elastische Strukturen im Teig bildet.

GLUTENGERÜST
Durch das Mischen von Mehl und Wasser zu einem Teig sowie dem Kneten des Teiges entsteht mithilfe der Glutenentwicklung eine Netzstruktur, auch Klebergerüst genannt, die dem Teig Elastizität verleiht.

HEFE (BACKHEFE, TROCKENHEFE)
Ein mikrobieller einzelliger Organismus, der durch Verstoffwechselung von Kohlenhydraten in Kohlenstoffdioxid und Alkohol für die Gärung im Teig verantwortlich ist und ihn aufgehen lässt (S. 141).

HYDRATATION
Die Prozentzahl gibt an, wie hoch der gebundene Wasseranteil im Teig ist (S. 131).

KLEBEREIWEISS
Siehe Gluten.

KLEBEREIWEISSGERÜST
Siehe Glutengerüst.

KRUME
Der weiche, innere Teil des Brotes, der aus einem Netzwerk von Gluten und Stärke besteht. Eine gute Krume ist gleichmäßig strukturiert, weich und elastisch (S. 128).

KRUSTE
Die äußere, knusprige Schicht des Brotes, die während des Backprozesses entsteht. Sie hat eine goldbraune Farbe und wird durch Backtemperatur, Dampf und Backzeit beeinflusst (S. 128).

LANGWIRKEN
Das Formen von länglichen Teiglingen in einer speziellen Weise (S. 159).

NATRONLAUGE
Eine Lösung von Natriumhydroxid in Wasser (NaoH), die für Laugengebäck verwendet wird (S. 102 f.).

POOLISH
Sehr weicher Vorteig aus Mehl und Wasser (zu gleichen Teilen) sowie sehr wenig Hefe, der zur Verbesserung von Geschmack und Textur dient (S. 142 f.).

PORUNG
Die Verteilung und Größe der Luftblasen im Teig, die während der Gärung entstehen. Eine gute Porung sorgt für eine luftige, gleichmäßige Krume und eine knusprige Kruste (S. 129).

REIFEN LASSEN
Ruhephase des Teiges, auch Gare genannt, in der er an Volumen gewinnt und Geschmack sowie Textur entwickelt.

RUNDSCHLEIFEN/AUF SPANNUNG SCHLEIFEN
Rotierendes Formen einer Teigkugel, um ihr Spannung zu verleihen (S. 157).

RUNDWIRKEN
Formen einer Teigkugel durch stückweises Einfalten in die Mitte (S. 157).

SAUERTEIG
Säuerlicher Vorteig oder Teig, der durch Fermentation auf der Grundlage von Milchsäurebakterien entsteht (S. 144 ff.).

SEMOLA RIMACINATA
Feiner gemahlener Hartweizengrieß, der aus speziell ausgewähltem Hartweizen hergestellt wird (S. 138).

STOCKGARE
Ruhe- oder Gärphase des ungeteilten gesamten Teiges.

STÜCKGARE
Letzte Reifephase (Endgare) des portionierten Teiges.

TANGZHONG
Vorteig, bei dem Mehl und Wasser (oder Milch) erhitzt werden, um eine puddingartige Paste zu bilden, was für ein besonders weiches, länger frisches Backergebnis sorgt (S. 143).

TEIGFÜHRUNG
Prozess des Mischens, Knetens oder Reifens des Teiges. Man unterscheidet zwischen langer und kurzer sowie zwischen warmer und kalter Teigführung (S. 150).

TEIGKARTE
Ein Werkzeug, meist aus Kunststoff oder Metall, das verwendet wird, um Teig von der Arbeitsfläche zu lösen und zu portionieren. Es hilft auch beim Formen und Bearbeiten des Teiges (S. 132).

TRIEBMITTEL
Substanzen wie Hefe und Sauerteig, die im Teig Gärung oder Aufgehen fördern.

TURNING PEEL
Flache runde Schaufel mit langem Griff, die beim Drehen von Pizzen im heißen Ofen hilfreich ist.

TYPE, MEHLTYPE
Gibt den Mineralstoffgehalt und damit den Ausmahlungsgrad eines Mehls an (S. 137 f.).

VORTEIG, VORSTUFE
Ein vorbereitender Teig bei der indirekten Teigführung, der in den Hauptteig eingearbeitet wird und Aromabildung sowie Teigstruktur positiv beeinflusst (S. 142 ff.).

W-WERT
Ein Maß für die Wasseraufnahmefähigkeit und die Stärke des Klebergerüsts des Mehls. Mehle mit einem hohen W-Wert gelten als „backstark“, weil Teige damit gut, elastisch und stabil aufgehen (S. 139).

REZEPTINDEX

ALPHABETISCH

Baguettes, französische 44
Baguette mit Knoblauchbutter 26
Bánh-mì-Baguette 32
Bao-Buns 60
Berliner Krapfen 124
Brioche-Burger-Buns 112
Brötchen ohne kneten, einfache 96
Buttermilchbrot 22
Butterzopf 90
Ciabatta 13
Ciabattini mit Peperoni 68
Flabatta 74
Fladenbrote 51
Flammfladen 48
Focaccia mit Kirschtomaten 17
Grillbrote 107
Grissini 116
Handbrot 38
Hefebrot, klassisches 41
Hotdog-Buns 111
Käsebrötchen 92
Lahmacun 82
Laugenbrötchen 102
Milchbrötchen 95
Muffins, englische 77
Naan, indisches 64
Pagnotta – italienisches Landbrot 59
Partykranz 99
Pide, türkisches 54
Pita 56
Pizza Margherita mit 48-Stunden-Pizzateig 71
Potato Rolls 108
Ramazan Pidesi 81
Salzstangerl mit Kümmel 115
Sesambagels 104
Sesambrote 14
Simit 78
Somun Ekmek 63
Sonntagsbrötchen 86
Subs, fluffige 21
Toastbrot 31
Vanillestangen 120
Waffeln, Mamas 119
Weizensauerteigbrot 36
Wraps 67
Zimtschnecken 123
Zupfbrot 18
Zwiebelbrot 28

Rezepte sortiert nach Zubereitungsart. Die meisten der Gebäcke können auch individuell nach Vorlieben mit einer anderen Zubereitungsart gebacken werden.

ZUBEREITUNGSART

AUF DEM GRILL

Grillbrote 107
Wraps 67

AUF DEM HERD

Bao-Buns 60
Muffins, englische 77
Naan, indisches 64
Pita 56
Wraps 67

IM OFEN

Baguettes, französische 44
Baguette mit Knoblauchbutter 26
Bánh-mì-Baguette 32
Berliner Krapfen 124
Brioche-Burger-Buns 112
Brötchen ohne kneten, einfache 96
Buttermilchbrot 22
Butterzopf 90
Ciabatta 13
Ciabattini mit Peperoni 68
Flabatta 74
Fladenbrote 51
Flammfladen 48
Focaccia mit Kirschtomaten 17
Grissini 116
Handbrot 38
Hefebrot, klassisches 41
Hotdog-Buns 111
Käsebrötchen 92
Lahmacun 82
Laugenbrötchen 102
Milchbrötchen 95
Muffins, englische 77
Pagnotta – italienisches Landbrot 59
Partykranz 99
Pide, türkisches 54
Pizza Margherita mit 48-Stunden-Pizzateig 71
Potato Rolls 108
Ramazan Pidesi 81
Salzstangerl mit Kümmel 115
Sesambagels 104
Sesambrote 14
Simit 78
Somun Ekmek 63
Sonntagsbrötchen 86
Subs, fluffige 21
Toastbrot 31
Vanillestangen 120
Weizensauerteigbrot 36
Zimtschnecken 123
Zupfbrot 18
Zwiebelbrot 28

DANKE

Liebe Leserinnen und Leser,

mit großer Dankbarkeit und Freude möchte ich mich bei euch allen bedanken. Eure besondere Treue, Unterstützung und Begeisterung haben mich inspiriert, mein Herzblut in dieses zweite Buch zu stecken. Ihr habt mir nicht nur die Motivation gegeben, weiterzumachen, sondern auch die Leidenschaft, immer wieder neue, kreative Wege zu finden, um aus Weizenmehl Type 00 wahre Meisterwerke zu erschaffen.

Mein besonderer Dank gilt dem Team um mich herum, bestehend aus meinem Bruder und Manager Marcel, dem Verlag und meiner Familie. Ohne ihre Unterstützung wäre dieses Buch nicht möglich gewesen.

„Baking Passion: 1 Mehl – 1.000 Möglichkeiten" ist ein Ausdruck unserer gemeinsamen Reise, unseres gemeinsamen Wachsens und der unzähligen schönen Momente, die wir geteilt haben. Jeder Kommentar, jedes Lächeln, jedes Nachbacken eines meiner Rezepte hat dieses Buch möglich gemacht. Ihr seid meine Inspiration und mein Antrieb.

Möge dieses Buch eure Küchen mit Freude, Kreativität und köstlichen Düften füllen.

Euer Sven

Bisher erschienen von Sven Teichmann beim Becker Joest Volk Verlag

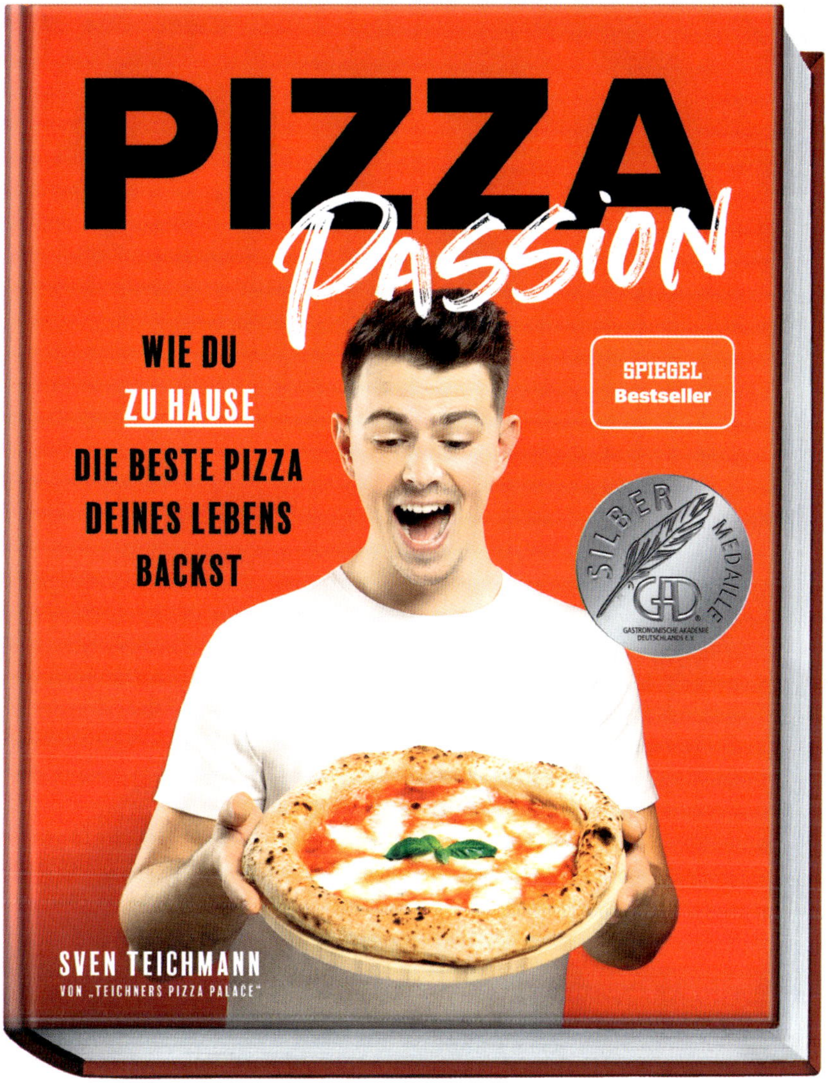

PIZZA PASSION 168 Seiten, Hardcover, 21 × 27 cm, ISBN 978-3-95453-314-5
28,00 EUR (D), 28,80 EUR (A)
www.bjvv.de

Entdecke weitere Produkte, Tipps und Tricks auf www.teichners.de

VERLAGSDANK Lieber Sven, mit Hingabe und Ideenreichtum hast du es im neuen Buch wieder geschafft, Rezepte für eine unglaubliche Bandbreite an perfekt gebackenen Broten und Snacks zu entwickeln – und das alles nur mit einer einzigen Mehlsorte! Damit hast du den Einstieg ins regelmäßige und abwechslungsreichere Backen zu Hause für viele entscheidend vereinfacht. Vielen Dank Hubertus Schüler, deine Fähigkeit, Backrezepte in magisches Licht zu rücken, macht deine Ergebnisse einzigartig. Wer diese Bilder sieht, bekommt unweigerlich Lust, direkt den Ofen anzuschmeißen. Vielen Dank Stefan Mungenast für deine Unterstützung bei der Vollendung des Foodstylings. Justyna Schwertner, deine Porträts bringen Svens Spaß beim Backen wunderbar rüber. Vielen Dank auch an Dich! Lieber Marcel Teichmann, herzlichen Dank für die tatkräftige Unterstützung im Hintergrund. Dein Planungstalent und dein Engagement machen die Zusammenarbeit mit Dir zu einer Freude. Ein besonderer Dank geht an Şebnem Yavuz für das umfangreiche Rezeptlektorat und Julia Voigtländer für das Schlusslektorat. Vielen Dank an Anne Krause für Layout, Gestaltung und Buchsatz. Außerdem danken wir unseren Mitarbeiterinnen und Mitarbeitern Claudia Braun, Katerina Stegemann, Annika Steinacker, Lena Vaßen und Markus Neis.

IMPRESSUM

Originalausgabe
Becker Joest Volk Verlag GmbH & Co. KG
Bahnhofsallee 5, 40721 Hilden, Deutschland
info@bjvv.de

1. Auflage Oktober 2024

ISBN 978-3-95453-339-8

BECKER JOEST VOLK VERLAG
www.bjvv.de

AUTOR Sven Teichmann
FOOD-FOTOGRAF Hubertus Schüler
FOODSTYLIST Sven Teichmann
CO-FOODSTYLIST Stefan Mungenast
PROJEKTLEITUNG Claudia Braun
LEITUNG GRAFIK Dipl.-Des. Justyna Schwertner
PORTRÄTS Dipl.-Des. Justyna Schwertner, Hannah Bichay (Cover)
COVER- UND BUCHLAYOUT, BUCHSATZ
Dipl.-Des. Anne Krause
BILDBEARBEITUNG Dipl.-Des. Markus Neis, Sven Pawlowski
FACHLEKTORAT REZEPTE Şebnem Yavuz
SCHLUSSLEKTORAT Julia Voigtländer
DRUCK Firmengruppe Appl, aprinta druck GmbH

Bildnachweise Cover: Laugenbrötchen, Krapfen; Innenteil: Seite 140, Seite 149: iStock; Seite 137: Meraner Mühle GmbH

Mit Pizza Passion hat es angefangen, jetzt ist Zeit für das nächste Abenteuer! Mit Baking Passion und nur einem Mehl zeige ich euch, wie man richtig lecker backt. Zeigt mir eure Meisterwerke!

#BakingPassion
@teichners_pizza_palace
@bjvverlag